汉语近义词学习手册

(高级)

练习及参考答案

洪炜
赵新　编著
李红
郝伟

目 录

练习 ··· 1

B

巴不得　恨不得	1
拜访　访问　看望	2
帮助　协助	3
宝贵　珍贵	4
保持　维持	5
保护　保卫	6
本人　自己	6
本身　自身	8
本质　实质　性质	9
避免　防止	10
便利　方便	10
表面　外表	11
别人　人家	12

C

财产　财富	13
差距　距离	14
尝试　试	15
场合　场面　场所	16

迟疑　犹豫	17
冲突　矛盾	17
充分　充实　充足	18
从来　向来　一向	19

D

答复　回答	20
打击　攻击	21
打扰　干扰	22
当初　起初　最初	23
倒闭　破产	24
调查　考察	24
动机　目的	25
短　短促　短暂	26
顿时　立刻	27

F

发觉　发现	28
繁华　繁荣	29
繁忙　忙碌	30

防止　预防	30
妨碍　阻碍	31
吩咐　嘱咐	32
丰富　丰盛	33
腐败　腐朽	34
负担　压力	34

G

改进　改良　改善	35
改正　更正	36
高潮　高峰	37
告别　告辞	38
公平　公正	39
攻击　进攻	39
孤单　孤独	40
古怪　奇怪	41
关心　关照	42
管理　治理	43

H

含糊　模糊	44
含义　意义	45
何况　况且	46
缓和　缓解	47
慌忙　慌张	48
回顾　回忆	49

J

机会　时机	50
激烈　猛烈　强烈	51
急切　迫切	52
记录　记载	52
技能　技巧　技术	53
坚定　坚决	54
坚固　牢固　稳固	55
坚强　顽强	56
简单　简陋	57
简单化　简化	58
建议　提议	59
焦急　着急	60
紧急　紧迫	61
紧密　密切	62
谨慎　慎重	62
经常　时常	63

K

开展　展开	65
考虑　着想	66
宽　宽敞	67

L

理解　领会	68
谅解　原谅	69

履行 实行 执行	70

M

蔑视 歧视 轻视	71
明显 显著	72
命令 指示	72
目光 眼光	73

P

培养 培育	74
疲惫 疲倦 疲劳	75
骗 欺骗 诈骗	76
破坏 损坏	77

Q

恰当 适合	78
恰当 妥当	79
前景 前途	80
侵犯 侵略	81
亲身 亲自	82
勤劳 辛勤	82
清除 消除	83
清楚 清晰	84
情况 情形	85
晴 晴朗	86

R

忍耐 忍受	87

S

丧失 失去	88
色彩 颜色	89
善于 擅长	90
实验 试验	90
事情 事务	91
思考 思索	92
死 死亡	93

T

讨厌 厌恶	94
特点 特色 特征	95

W

违背 违反	96
温和 温柔	97
误会 误解	98

X

吸取 吸收	99
习惯 习俗	100
细致 详细 仔细	101
相信 信赖	102

新颖 崭新	103	**Z**		
信念 信心	103	灾害 灾难		112
需求 需要	104	赞美 赞扬		113
		展示 展现		113
Y		镇定 镇静		114
压抑 抑制	105	证明 证实		115
严厉 严肃	106	智慧 智力		116
一辈子 终身	107	忠诚 忠实		117
一再 再三	108	周到 周密		117
依靠 依赖	108	专程 专门		118
以前 以往	109	庄严 庄重		119
引导 指导	110	姿势 姿态		120
优良 优秀 优异	111	阻碍 阻挠 阻止		120

参考答案 ………………………………………………………… 122

练 习

B

巴不得　恨不得

一、下面的句子填哪个词合适：
1. 太好了！你愿意陪我去，我当然＿＿＿＿＿＿＿！
2. 她＿＿＿＿＿＿＿把天上的星星摘下来给女儿！
3. 他气得咬牙切齿，＿＿＿＿＿＿＿吃了我！
4. 这正是我＿＿＿＿＿＿＿的事情。
5. 他很忙，＿＿＿＿＿＿＿不参加呢。
6. 他喜欢丽丽，＿＿＿＿＿＿＿天天和丽丽在一起。
7. 让他跟你一起去上海吧，他正＿＿＿＿＿＿＿呢。
8. 你同意我去广州？太好了！我＿＿＿＿＿＿＿有你这一句。
9. 太丢人了，他＿＿＿＿＿＿＿钻到地底下去。
10. 你们都走吧，我＿＿＿＿＿＿＿一个人轻松自在。

二、把"巴不得""恨不得"放在正确的位置上：
1. 李浩 A 心里 B 着急，C 一步 D 跨到山上。
2. A 这个 B 混蛋，C 我 D 踹他两脚！
3. 我 A 把事情赶快 B 告诉他，让他 C 自己 D 做决定。

4. A 你 B 不让我一起 C 去，我正 D 呢。
5. 我当然 A 愿意干，B 我 C 有这样 D 的机会呢。
6. A 我 B 变成一只小鸟 C，D 飞上蓝天。
7. 他 A 实在 B 背 C 不动了，D 把东西都扔了。
8. A 真 B 马上 C 就到冬天，D 可以滑冰。
9. 你 A 别客气，B 我 C 为你 D 效劳呢。

拜访　访问　看望

一、下面的句子填哪个词合适：

1. 代表团_____了西安、武汉、长沙等地。
2. 下次回来，一定再来_____您！
3. 想要了解这个学校的基本情况，可以先去_____学校的网站。
4. 下周中国贸易代表团要出国_____。
5. 明天，我们还要去_____几位专家。
6. 出版社派人_____了一些读者，了解他们对这套书的看法。
7. 今天他要陪父母去医院_____一个亲戚。
8. 每年春节我都要回家_____父母。
9. 总经理说他一定要亲自登门_____。

二、用"拜访""访问""看望"完成对话：

A：张明，最近怎么没看到你啊？

B：我回了趟老家，去 1 爷爷。对了，刘杰，听说你们合唱团明年要去英国 2 ，是吗？

A：是的，大概6月份去吧，要 3 几个城市，还要 4 莎士比亚的故乡呢！还要 5 几位音乐家。

B：真好！对了，我姐姐在伦敦，你有空可以去找她。

A：你姐姐在伦敦？太好了，我一定抽时间去 6 她。你现在去哪里？

B：我想去 7 物理系的王老师，我的论文有几个问题要向他请教。

A：我跟你一起去 8 王老师吧，早就想见见他了。

B：好的。一起去！

帮助　协助

一、下面的句子填哪个词合适：
1. 在大家的_____下，工作进行得很顺利。
2. 这个工作由技术部主持，其他部门_____。
3. 这些资料对他的研究肯定会有_____。
4. 他对我的_____太大了！
5. 大卫一个人做这事有困难，你去_____他吧！
6. 我只是_____，不能代替你。
7. 这门选修课对我的毕业论文写作_____很大。
8. 厂长让我_____你完成这个工作。
9. 这本书会_____你找到答案。

二、给下面的句子填上合适的词语：
（帮助　帮忙　帮　协助）
1. 她刚到广州，人生地不熟，你们要多_____他。
2. 麻烦您_____把这个行李箱搬下车，谢谢！
3. 没有大家的_____，任务不可能完成得这么快这么好。
4. 小丽一个人忙不过来，你快去给她_____。
5. 这个工作由刘工程师负责，李杰和张力_____。

6. 在我最困难的时候，她给过我很多_____。
7. 你放心吧，我们一定大力_____。
8. 小王，你_____我开一下门，我拿文件去给经理。
9. 他_____我学数学，我_____他学英语。
10. 我_____你倒了杯茶，你休息一下吧！

宝贵　珍贵

一、下面的句子填哪个词合适：

1. 请您对这本教材提出_____意见。
2. 这份礼物十分_____。
3. 这次展览将展出一些_____的历史文物。
4. 希望你们不要浪费自己_____的青春年华。
5. 时间是世界上最_____的东西，金钱买不到。
6. 好不容易才找到这种_____的药材。
7. 我今天买到了一张非常_____的邮票。

二、给下面的句子填上合适的词语：

（更加珍贵　极为珍贵　珍贵　珍贵的　宝贵的　宝贵　最宝贵　十分宝贵）

1. 在我看来，_____的是人才。
2. 在他看来，荣誉比生命_____。
3. 这些_____经验值得我们好好学习。
4. 这个机会_____，你要珍惜。
5. 他收藏了不少_____宝石和钻石。
6. 时间_____，赶快行动吧！
7. 这幅画是唐代的真迹，_____极了。
8. 这种植物世界上很少见，_____。

保持　维持

一、下面的句子填哪个词合适：

1. 请大家注意_____室内的清洁。
2. 靠暴力_____的政权是不会长久的。
3. 这里是病房，要_____安静。
4. 无论如何，我都希望这种局面能够_____下去。
5. 这个皇帝很无能，他的统治仅仅_____了几年。
6. 我们一直都_____着联系。
7. 你们几个人的态度要_____一致。
8. 你们的关系能否继续_____，取决于你们自己。
9. 只有坚持锻炼，才能_____健康。

二、给下面的句子填上合适的词语：

（保持　维持　应该保持　一直保持　勉强维持　保持下去　维持到）

1. 高中二年，李杰的数学成绩_____在年级前三名，非常稳定。
2. 你一定要和她_____距离，不要天天在一起。
3. 这点儿钱能_____月底吗？
4. 年轻人_____朝气蓬勃的精神面貌。
5. 良好的公共秩序要靠大家来_____。
6. 我的工资只能_____全家人的生活。
7. 我们一定要把这种精神_____。

保护　保卫

一、下面的句子填哪个词合适：

1. 联合国为_____世界和平作出了贡献。
2. 军队是_____国家的武装力量。
3. 他受到坏人的威胁，希望得到警察的_____。
4. 他的责任是_____总统的安全。
5. 大家要好好_____小树苗。
6. 办车辆出入证要去学校_____处。
7. 我们要_____民主和自由。
8. 为了_____自己的家园，许多人献出了生命。
9. 那些给违法犯罪分子提供_____伞的官员必将受到法律严惩。

二、给下面的句子填上合适的词语：

（得到保护　加以保护　保护好　保护了　保卫着　保卫和平）

1. 每个国家都应当为_____贡献力量。
2. 军队_____人民的财产和安全。
3. 你一定要把这些书_____。
4. 战争时期，他_____几百个儿童。
5. 你们一定要对眼睛_____，不要整天看电脑看手机。
6. 人们的个人信息安全应_____。

本人　自己

一、下面的句子填哪个词合适：

1. 他把困难留给_____，把方便让给别人。

2. 一阵风吹来,门_____关上了。
3. 身份证需要你_____来领取,不能代领。
4. 出了问题应该先从_____身上找原因,不能光怪别人。
5. 我们_____能够解决这个问题,您不用担心。
6. 阿里已经把这封信交给杰克_____。
7. 解决中国发展问题,从根本上要靠中国_____。
8. _____已签字,愿意承担一切责任。
9. 一个人最自由,_____想干什么就干什么。
10. 这件事,大卫_____怎么想的?

二、用"本人""自己"完成对话:

A:小刘来了?坐吧。喝咖啡还是喝茶? 1 拿!

B:张力,你知道吗?王硕打算 2 创业!

A:你听谁说的?我怎么不知道?

B:是王硕 3 告诉我的,他打算搞个快递公司。

A:现在都在网上购物,快递公司是需要的。他 4 干吗?

B:不,他 5 一个人怎么干呢?和几个朋友一起。

A:好啊! 6 创业,丰衣足食。年轻人就应该有 7 的事业。

B:对呀!你这么一说,我也想创业了!

A:你?别开玩笑了!

B:怎么?不相信我? 8 也是年轻人,也有上进心事业心,而且, 9 也不是没有能力啊!

A:是的,你有能力,可你做事经常是三分钟热度, 10 创业是有风险的!

B: 11 不怕风险!你就等着看 12 的厉害吧!

本身　自身

一、下面的句子填哪个词合适：

1. 他不顾_____的安危，冲进火里救人。
2. 你能够走上台演讲，_____就是一个胜利。
3. 要知道，权力_____就是具有诱惑力的。
4. 凭她的_____条件，能取得这样的成绩，确实不简单。
5. 毁了环境，就等于毁了人类_____。
6. 这个词_____没有具体意义，只是表示肯定的语气。
7. 这个理论_____没有任何问题，只是你把它用错了。
8. 医生在抢救病人时，也要注意_____的安全。
9. 你能说清楚生命_____的意义吗？

二、给下面的句子填上合适的词语：

（本人　本身　自己　自身）

1. _____的事_____做，不要推给别人。
2. 我们要不断提高_____的素质，以适应社会的需要。
3. 这是你_____的想法吗？
4. 你一定要和罗西_____谈，不要和他的助理谈。
5. 你没经过他同意就离开，这_____就是你的不对。
6. 他画的这幅画，_____就是一首诗。
7. 这个分类_____就有不科学的地方。
8. 你听着，_____敢说就敢做！
9. 每个人都有_____的权利。
10. 我可没推他，是他_____摔倒的。

本质　实质　性质

一、下面的句子填哪个词合适：

1. 不同的元素有不同的化学_____。
2. 这是一起_____恶劣、情节严重的犯罪案件。
3. 普及、强制和免费是义务教育的_____特征。
4. 有专家认为，教育的_____是培养人的科学思维能力。
5. 这件事的_____十分严重。
6. 直到昨天下午，谈判才取得了_____性进展。
7. 经过几年相处，我才看清了他的_____。
8. 首先，我们要弄清"管理学"是个什么_____的学科。
9. 毫无疑问，民主政治的_____是人民当家做主。
10. 深刻理解这个讲话的精神_____对我们下一步的工作至关重要。

二、给下面的句子填上合适的词语：

（本质上　本质的　本质区别　实质性　什么性质　特殊性质）

1. 对登月计划作出_____贡献的人，他们的名字会载入史册。
2. 人类语言和其他动物的"语言"具有_____不同。
3. 《山海经》是一部_____的书，历代学者看法不同。
4. 由于其_____，核电站的安全问题成为头等重要的事。
5. 表意文字与表音文字有着_____。
6. 从_____看，他是一个善良的人，虽然有不少缺点。

避免　防止

一、下面的句子填哪个词合适：
1. 如果提前采取措施，就能够_____灾难的发生。
2. 这事不能让陈明知道，你要_____和他谈起这件事。
3. 她给大门安装了一把锁，_____他人随意进入房间。
4. 为了不引起误会，我一直_____和他接触。
5. 你应该跟他解释清楚，_____造成误会。
6. 工作中，争论是难以_____的，不必苦恼。
7. 多擦些风油精能够_____晕车。
8. 多吃白萝卜可以_____便秘。
9. 这种T恤衫有_____蚊虫叮咬的功能。

二、给下面的句子填上合适的词语：
（避免　避免了　可以避免　不可避免　防止　可以防止）
1. 据说这种涂料能够_____墙面渗水。
2. 幸亏警察及时赶到，_____一场灾祸。
3. 多运动_____血管老化。
4. 他俩性格完全不同，发生矛盾是_____的。
5. 只要互相尊重，冲突是完全_____的。
6. 你耐心些，好好和小王谈，尽量_____和他争吵。

便利　方便

一、下面的句子填哪个词合适：
1. 这个地方环境不错，而且交通_____。
2. 你什么时候_____，我请你吃饭。
3. 现在办身份证比以前_____多了。

4. 随便吃什么都行，怎么_____怎么来。
5. 这个人利用职务_____贪污了一大笔钱。
6. 他利用自由进出办公大楼的_____，偷出了文件。
7. 你把资料编上号码，_____查找。
8. 他可以利用工作上的_____，帮你查找一些资料。
9. _____完了就快上车吧。
10. 我家楼下新开了一家_____商店。

二、给下面的句子填上合适的词语：

（提供方便　不方便　很方便　方便了　更加便利　十分便利　是否便利）

1. 这条地铁建成后，_____一大批上班族。
2. 网上购物比在商场购物_____。
3. 学校尽量在生活上为学生_____。
4. 这里虽然离上班的地方远一些，但交通_____。
5. 这种机器人操作简单，使用起来_____。
6. 我现在在上班，_____出来见你。
7. 交通_____，是购房时需要考虑的重要条件。

表面　外表

一、下面的句子填哪个词合适：

1. 这辆车不实用，不过_____很时髦。
2. 这种飞机可以在离地球_____20公里以上的超高空飞行。
3. 他_____高兴，其实心里暗暗叫苦。
4. 他这个人找女朋友过于重视_____。
5. 她漂亮的_____下其实藏着一颗恶毒的心。

6. 这时，太阳的光线到达地球_____。

7. 从_____看，他是个特别讲究的人。

8. 他_____上说得好，实际上做得不好。

9. 他_____看起来很坚强，其实内心挺脆弱。

10. 你只看到了_____的问题，没看到深层的问题。

二、给下面的句子填上合适的词语：

（表面　从表面上看　表面的　表面现象　外表　外表上　从外表看　外表的）

1. 你不要被他那忠厚老实的_____所迷惑。

2. 把这种药涂在牙齿_____，十分钟后洗掉。

3. 这种汽车和别的汽车在_____没什么两样。

4. 光鲜亮丽只是_____，你知道这后面有多少苦和累？

5. _____无法判断他是怎样的人。

6. _____，他俩的关系还不错。

7. _____不完美我不介意，我介意的是内心的不完美。

8. 这种快乐是_____、暂时的。

别人　人家

一、下面的句子填哪个词合适：

1. 做任何事都不应当损害_____的利益。

2. _____都走了，你怎么还不走？

3. 我听_____说你要离开这里，是吗？

4. 你看_____小王对孩子多耐心，你得向_____学习。

5. 作为一个学生，首先要学会尊重_____。

6. 小明给你打了几次电话，你快点给_____回个电话吧。

7. 我只看见了李杰，没看见_____。

8. _____都想离开这儿，你怎么还来啊？
9. 我觉得，能帮助_____是件幸福的事。
10. 我觉得在这一点上，_____张力就做得非常好。

二、用"别人""人家"完成对话：

A：_1_都下班了，你还不走吗？

B：_2_的事都做完了，当然下班了。我还有个文件必须今天完成，还得加班。

A：叫小周给你帮个忙呗，不然得加班到什么时候？

B：_3_小周还要和女朋友约会呢，不能影响_4_！

A：你这个人呀，总是为_5_着想。

B：本来嘛，自己的事就该自己做，不能麻烦_6_。

A：那好啊，你就自己干吧！

C

财产　财富

一、下面的句子填哪个词合适：
1. 我觉得您最好办理一份_____保险。
2. 我不在乎他有多少_____，我最在乎的是他的人品。
3. 我不打算把_____留给儿女。
4. 健康是一个人最大的_____。
5. 大家都不知道他竟然有这么多_____。
6. 父亲虽然没给我们留下_____，却留下了宝贵的精神_____。

7. 奥林匹克精神是人类共同的_____。
8. 优秀的人才是我们社会的_____。

二、给下面的句子填上合适的词语：

（全部财产　公共财产　共同财产　财富　共同财富　创造财富　追求财富）

1. 大自然是人类的_____，我们应当珍惜。
2. 知识和人才都是宝贵的_____。
3. 老人把_____捐给了自己工作了六十多年的学校。
4. 劳动_____，劳动创造幸福。
5. _____属于大家。每个人都应当爱护。
6. 如果一个人为了_____而不择手段，那是非常可怕的。
7. 法院认定这五十万元属于他们夫妻的_____，应该均分。

差距　距离

一、下面的句子填哪个词合适：

1. 你知道纽约_____旧金山有多少公里吗？
2. 我知道，我的技术水平离教练的要求还有_____。
3. 虽然他对我不错，但我总觉得感情上和他还有_____。
4. 城乡_____是目前一个严重的问题。
5. 咱俩的_____太大了，你门门功课优秀，我勉强及格。
6. 这两个地方的_____太远了。
7. 现在_____新的一年只有几天了。
8. 西部的经济和东部相比，_____还是相当大的。
9. 冰箱和电视机之间要保持一定的_____。

二、给下面的句子填上合适的词语：

（有很大差距　找出差距　差距不大　心理距离　远距离

保持距离　一段距离）

1. 不同学校的教学质量_____。
2. 对不了解的人，最好_____。
3. 你们应当认真研究对方的技术，_____。
4. 我和杰西几乎同时开始学习汉语，所以两个人的汉语水平_____。
5. 愉快而紧张的游戏，拉近了两代人之间的_____。
6. 这种新型飞机刚刚进行了_____的试飞。
7. 车子开出了_____，突然又调头返回。

尝试　试

一、下面的句子填哪个词合适：

1. 这种方法我_____过了，效果还不错。
2. 不用_____了，这条裤子他穿肯定长。
3. 这种酒可以点燃，不信，我们可以来_____一下。
4. 老李想_____在北方种植荔枝。
5. 超市里有些食品是可以_____吃的。
6. 你用这把钥匙_____一下，看能不能打开。
7. 年轻人要敢于_____新的方法、新的技术。
8. 他们做过多次_____，但都没有成功。
9. 这是我第一次_____用电饭锅做蛋糕。

二、给下面的句子填上合适的词语：

（尝试　一种尝试　想尝试　值得一试　试试　试　试过）

1. 这家咖啡店的咖啡很好喝，很_____。
2. 你_____穿一下，看看这件衣服大小合不合适。
3. 他们在语法教学方面进行了有益的_____。

4. 他_____一种新的音乐形式。
5. 我已经_____了,水温刚好。
6. 这只是_____,结果如何还有待检验。
7. 你用这种方法_____看吧。

场合　场面　场所

一、下面的句子填哪个词合适:
1. 要在这么正式的_____发言,他不免有些紧张。
2. 进入室内_____必须佩戴口罩。
3. 因为疫情的影响,全市所有娱乐_____都暂时关闭了。
4. 刘德华演唱会上,数万观众欢呼,_____非常热烈。
5. 这部电影中浩大的战争_____令人难忘。
6. 英语角是同学们练习口语的_____。
7. 运动员互相鼓励,这是比赛中最感人的_____。
8. 在这种社交_____,着装要大方得体。
9. 在工作_____播放轻音乐,可以缓解压力。
10. 这部电影里有不少经典的_____。

二、给下面的句子填上合适的词语:
(外交场合　特殊场合　不同场合　任何场所　休息场所　隆重的场面　欢乐场面)
1. 在追悼会这种_____,他们俩竟然吵起来了!
2. 在_____,一言一行都必须十分注意。
3. 他从来没见过这么_____,心里有些紧张。
4. 商场还为顾客提供了专门的_____。
5. 你要记住,在_____都要遵守规则。
6. 我们要学会在_____用不同方式表达。

7. 春节的时候，到处可以看到敲锣打鼓的_____。

迟疑　犹豫

一、下面的句子填哪个词合适：

1. 他_____地向前走了几步，又回头看着我。
2. 他稍一_____，被对方一掌击中。
3. 玛丽_____了好长时间，不知道究竟去还是不去。
4. 我心里非常_____，到底是去还是不去呢？
5. 他说干就干，毫不_____。
6. 该怎么办？他思来想去，特别_____。
7. 他看起来很_____，让他好好想想吧。
8. 老人看看他，_____地拿起了笔。

二、给下面的句子填上合适的词语：

（迟疑　迟疑地　迟疑了　犹豫　别犹豫　很犹豫　犹犹豫豫）

1. _____了，快点儿做决定吧。
2. 他_____说："让我再考虑考虑。"
3. 他刚一_____，球就被对方抢去了。
4. 想好了就去做，不要老是_____的。
5. 到底支持罗西还是支持人卫，我心里_____。
6. 他非常_____，半天下不了决心。
7. 他_____片刻，还是开门走了。

冲突　矛盾

一、下面的句子填哪个词合适：

1. 最近一段时间，两国边境_____不断。

2. 是支持红队还是支持蓝队？他心里非常_____。
3. 当事业与家庭发生_____时，你会怎样选择？
4. 记住，不要和他们直接_____！
5. 这么说听起来似乎很_____，其实并不_____。
6. 仔细想想，这两种观点并不_____。
7. 你们尽量不要和他们发生正面_____。
8. 只有抓住主要_____，才能解决问题。
9. 两个村子为土地的事_____过好几次。

二、给下面的句子填上合适的词语：

（自相矛盾　非常矛盾　起冲突　矛盾　有矛盾　闹矛盾　有冲突　冲突）

1. 他们俩之间一直都_____。
2. 你们要冷静，千万不要和他们_____。
3. 你前面那样说，后面又这样说，这不是_____吗？
4. 你俩别_____了，坐下来好好谈谈。
5. 这个工作计划和你的休假_____，我们再修改一下。
6. 他内心_____，既想表明态度，又怕得罪人。
7. 最近两国边境接连发生军事_____。
8. 我们解决问题要抓住问题的主要_____。

充分　充实　充足

一、下面的句子填哪个词合适：

1. 大学四年，很紧张，也很_____。
2. 这次比赛，我们已经做了_____的准备。
3. 教师应当_____了解学生的特点，教学效果才会更好。
4. 别着急，你还有_____的时间做准备。

5. 这个舞蹈_____展示了大学生的风采。
6. 你的论文内容有些空洞，需要一些具体材料来_____。
7. 这种植物需要_____的水分才能长得好。
8. 这里的生活虽然艰苦，但我们精神上很_____。
9. 周末要去爬山，我准备了_____的食物和水。
10. 你如果没有_____的理由，我是不会同意的。

二、给下面的句子填上合适的词语：

（充分的　充分说明　充分发挥　充实的　非常充实　充实了　充足的　很充足）

1. 他渴望丰富而_____生活。
2. 领导者应当_____每个员工的聪明才智。
3. 事实_____社会对人的影响是非常重要的。
4. 时间_____，你可以好好准备。
5. 对于这个问题，我们已经有了_____认识。
6. 他的论文材料_____，但重点不够突出。
7. 这些外来词极大地丰富和_____汉语的词汇。
8. 你要休息好，保持_____体力，才能打赢比赛。

从来　向来　一向

一、下面的句子填哪个词合适：

1. 我_____没见过这个人。
2. 这位选手的围棋水平_____很高。
3. 这_____我身体不太好，一直在家休息。
4. 姐姐_____温柔，今天怎么发脾气了？
5. 爸爸对我的要求_____都很高。
6. 真的，我_____没去过酒吧。

7. 我的房间_____很干净。
8. 他这个人太自负了,_____不听别人的意见。
9. 前_____忙得不得了,没顾得上和你联系。

二、用"从来""向来""一向"完成对话:

A:这 1 怎么没见你,你去哪儿了?

B:哦,我去英国旅游了。我 2 喜欢英国文学,这次去莎士比亚的故乡,好开心!你去过英国吗?

A:英国 3 没去过。倒是前 4 去日本玩了几天。

B:你 5 忙碌, 6 都不去旅游,怎么这次有时间去日本玩?

A:这不是孩子一定要去日本看樱花嘛,只好带她去了!

B:哈哈!你真是个好爸爸,孩子的要求 7 都不会拒绝。

A:你还不是一样!哈哈!

D

答复　回答

一、下面的句子填哪个词合适:

1. 有谁能_____这个问题?请举手!
2. 这件事,总经理明天_____你们。
3. 对这个问题,我们已经作出了明确的_____。
4. 这个问题上级暂时还没有_____。
5. 当客户对你的_____不满意时,你会怎么做?
6. 我问的问题,他一概_____"不知道"。
7. 什么是幸福?每个人的_____都是不一样的。

8. 你第一道题_____错误，第二道题_____正确。

二、给下面的句子填上合适的词语：

（书面答复　给你答复　作出答复　没有答复　不回答　快回答　回答了　回答得）

1. 他的上诉，法院迟迟_____。
2. 我们申请资金的报告，请总公司尽快_____。
3. 口头答复不行，一定要有_____。
4. 面试的时候，几个问题他都_____很好。
5. 你听见了吗？_____我！
6. 他笑了笑，_____我的问题。
7. 你反映的情况，我们研究后一定会_____。
8. 汉语近义词有什么特点？这篇文章_____这个问题。

打击　攻击

一、下面的句子填哪个词合适：

1. 高考落榜，对他_____很大。
2. 你不应该_____孩子学习的积极性。
3. 不能把善意的批评说成人身_____。
4. 国家需要采取严厉手段_____违法犯罪。
5. 王力擅长演奏多种_____乐器。
6. 我军将在天亮前向敌人阵地发起_____。
7. 我方代表在谈判桌上有力地反驳了对方的_____。
8. 我们怀疑嫌犯是先用花瓶_____他的头部致使他昏迷，再盗窃走家中财物的。

二、用"打击""攻击"完成语段：

李林今天心情很差。中午开会时，两个同事不停地对他进行言语_1_,说他工作能力不足,根本不配做项目负责人。领导听后决定不再让李林做负责人,这对他_2_很大。回家后,李林在饭桌上垂头丧气,一言不发。妻子得知情况后,气愤地说:"我看这两个人就是为了在老板面前_3_你。他们对你进行人身_4_,就是想要_5_你的自信心,你可不能上他们的当!"

打扰　干扰

一、下面的句子填哪个词合适:

1. 小李正忙着呢,我们不要去_____他。
2. 她睡得正香,我们不要去_____她。
3. 沉迷游戏会对学习造成_____。
4. 恶劣的天气会_____手机信号的接收。
5. 如果想要集中注意力,那么我们就必须克服周围环境的_____。
6. 抱歉,_____了,请问到动物园要坐几号车?
7. 我们要排除一切_____,向建设文化强国前进。
8. 闪电、雷达、电子_____,都会使电子设备发生故障。
9. 我中午睡觉时被_____了,现在觉得头有点儿疼。

二、给下面的句子填上合适的词语:

(干扰　不要打扰　严重干扰了　打扰一下　克服干扰　请勿打扰)

1. 小王已经一天一夜没睡觉了,你_____他休息。
2. 附近的电磁波_____设备的正常使用。
3. 一些反政府分子持续制造暴力事件,试图_____投票进程。
4. 会议进行中,_____。

5. 抱歉，_____，我能请教您一个问题吗？
6. 你一定要想办法_____，静下心来复习。

当初　起初　最初

一、下面的句子填哪个词合适：
1. 我_____就已经提醒过你不要相信他，你却不听！
2. 你_____要是把真相告诉我，现在就不会有这种麻烦事了。
3. 刚到中国时，我_____不习惯吃中国菜，但现在慢慢习惯了。
4. 想_____，我也是个有头有脸的人！
5. _____我们是好朋友，后来却变成了仇人。
6. _____，大家都不看好他，可是他最后还是成功了。
7. _____我要是认真学习，说不定也能考上大学。
8. _____，大家对他有些误会，后来才发现他是个大好人。
9. 他_____并没认出是我，后来我跟他聊了几句他才认出来。

二、用"当初""起初""最初"完成语段：

想 1 ，他是一个充满理想和斗志的人，他说为了我，他一定会努力奋斗。但是毕业工作后，他变得越来越消极。 2 ，我以为他大概是遇到了什么困难，因此我尽力帮助他，但后来，我发现他 3 所说的只是空话，他早已忘记自己 4 的梦想，早已忘记 5 对我的承诺。现在，我很后悔， 6 我要是知道他是这样的人，一定不会选择跟他在一起。

倒闭　破产

一、下面的句子填哪个词合适：
1. 对方的阴谋被我方发现了，最终_____了。
2. 他原来是亿万富翁，可由于投资失败，最后_____了。
3. 他的公司经营不善，最终_____了。
4. 如果不是你不听大家的劝告，公司是不会_____的。
5. 他精心策划的计划_____了。
6. 一场水灾把他的农场淹了，他彻底_____了。
7. 第二次世界大战后，经济崩溃，大批企业_____。
8. 听说那家公司上个月已经向法院提出了_____申请。
9. 因生意冷清，这家小餐馆开了不到半年就_____了。

二、用"倒闭""破产"完成语段：

受到金融危机的影响，许多公司都 1 了，更有很多富豪宣布自己 2 。金融危机也影响了普通老百姓的生活，好多人因企业 3 而失去工作。而失去工作的人们购买力大大下降，这又影响了零售业的生意，不少商铺、餐厅纷纷 4 ，有的企业不得不向法院申请 5 ，以偿还各种债务。

调查　考察

一、下面的句子填哪个词合适：
1. 警方正在对这起事故的原因进行_____。
2. 要了解农村的经济发展，就必须去农村进行_____。
3. 通过问卷_____了解到，大部分留学生对老师的教学很满意。
4. 该论文_____了二十世纪中国词汇研究发展史。

5. 考古学家们成立小组对新发现的地下城堡进行_____。
6. 近期的一项网络_____结果显示，92%的被调查者认为目前一线城市房价过高。
7. 这件事情必须_____清楚，不能冤枉别人。
8. 科学家通过_____发现，公元前十四世纪前后，这里发生过一次巨大的火山爆发。
9. 记者通过走访_____，深入了解了市民对此事的看法。

二、用"调查""考察"完成语段：

今天，王校长到国际文化学院进行 1 并与留学生进行了亲切座谈。座谈期间，王校长鼓励同学们多了解中国社会，多进行实地 2 ，而不应满足于通过问卷 3 或网络 4 等方式来了解中国。同学们听了校长的讲话后，纷纷表示要利用在华学习的机会到各地进行 5 ，以全面了解真实的中国。

动机　目的

一、下面的句子填哪个词合适：

1. 一名男子砍伤护士，作案_____暂时不明。
2. 泰国总理这一次访华的_____是什么？
3. 无论是出于什么样的_____，你都不应该这么做。
4. 玛丽参加汉语辅导班的_____就是为了顺利通过HSK6级。
5. 这次军事训练的_____是加强学生的身体素质。
6. 考试的_____是要考察同学们对知识的掌握情况。
7. 达不到_____，他是不会放弃的！
8. 我们这次的_____地是中国广州。

二、给下面的句子填上合适的词语:
(作案动机　目的性　主要目的　预期目的　动机不良　学习动机)
1. 没有人知道这个罪犯的_____是什么。
2. 她这次过来找我的_____是想让我帮她。
3. 他对你好是带有_____的,你不要被他骗了。
4. 研究表明,_____越强,学习效果也会越好。
5. 这次培训的_____已经达到了。
6. 一个人要是做事的_____,那么即使获得成功也不值得赞赏。

短　短促　短暂

一、下面的句子填哪个词合适:
1. 炎热的夏天到了,姑娘们都换上了_____裙和凉鞋。
2. 他的生命虽然很_____,但过得非常有意义。
3. 她头发很_____,看上去很精神。
4. 汤姆被天空中飞过的大雁一声_____的叫声吓醒了。
5. 在进行了_____的治疗后,他又回到了赛场上。
6. 天气太热了,待会儿穿_____裤出门吧。
7. 他学习钢琴的时间不_____,但一直没有太大进步。
8. 经过_____的休息后,他的身体已经恢复得差不多了。
9. 小王最近学会了制作_____视频。

二、用"短""短促""短暂"完成语段:
在这次 1 的访问中,琳达认识了一位爱穿 2 裙、剪着 3 发的中国女孩小花。她们俩一起交流的时间虽然 4 ,但彼此结下了深厚的友谊。回国后,琳达把这次访问交流活动制作成了一个 5 片发送给小花,并且说:"虽然美好的访问时光就像闪电一样 6 ,但我们的友谊却是天长地久的。"小花看完后感动极了。

顿时　立刻

一、下面的句子填哪个词合适:

1. 听完这段话,他_____跑过去找老师了。
2. 一放学,学校_____热闹起来。
3. 消防队员接到电话后,_____赶到火灾现场。
4. 他看到这个场景,整个人_____惊呆了。
5. 知道考上了北京大学后,他_____把这个好消息告诉家人。
6. 她很害羞,只要和异性说话脸_____就红了。
7. 下次再有人欺负你,你就_____告诉我。
8. 听到门外的脚步声,_____她的心情就紧张了起来。
9. 一块石头砸了下来,小李_____失去了知觉。
10. 请你现在_____把这里打扫干净。

二、用"顿时""立刻"完成语段:

上课铃一响,班里 1 安静了下来。老师一进门,就 2 宣布进行课堂测验。 3 ,我的心脏扑通扑通地跳。试卷发下来后,老师让大家 4 先写上自己的名字和学号,并检查试卷有无缺页、漏页。我按照老师的要求填好有关信息并 5 浏览了一遍试题。当我看到最后一道简答题时,心里 6 乐开了花,因为这道题我昨晚刚刚复习过!于是,我 7 提起笔把这道题做了出来。

F

发觉　发现

一、下面的句子填哪个词合适：

1. 回到宿舍我才_____书包忘在教室了。
2. 我_____右腿有点儿麻木。
3. 万有引力定律是牛顿_____的。
4. 科学家们有了一个重大的_____。
5. 捉迷藏的时候我总是第一个被_____的。
6. 李琳_____了逃亡在外的歹徒。
7. 一摸口袋，他_____钱包丢了。
8. 我们要善于从平淡的生活中_____真、善、美。
9. 解决问题的第一步是要_____问题。

二、用"发觉""发现"完成对话：

A：让我来考考你！你知道镭元素是谁 1 的吗？

B：这可难不倒我，镭元素是居里夫人 2 的。我也来考考你，青蒿素是谁 3 的？

A：这个我还真不知道，你快告诉我答案。

B：青蒿素是中国药学家屠呦呦 4 的。

A：我听说过她！你 5 没有，这些科学界的重大 6 都获得了诺贝尔奖。

B：是的，诺贝尔奖的含金量很高，希望未来我也能获奖。我最近也在做科学实验，但我 7 ，做实验实在太辛苦了，有时在实验室一待就是十几个小时。

A：可不是吗？当我从实验室出来时，经常 8 自己头昏脑涨的。

B：我比你更严重。不只是头昏脑涨，还经常因为脑子里想着实验把其他事情给忘了。有时甚至回到家才 9 钥匙落在实验室了。

繁华　繁荣

一、下面的句子填哪个词合适：

1. 与住在_____的市区相比，我更喜欢住在安静的郊区。
2. 你看，这里就是北京路步行街了，多么热闹_____啊！
3. 随着我国经济的_____发展，我们的生活也变得更加美好。
4. 他走在_____的街道上，心中却感到无比的孤独。
5. 为_____民族音乐，这所学校开设了二胡、琵琶、古筝、扬琴等十多个专业。
6. 随着经济的发展和商业的_____，这里的常住人口规模也越来越大。
7. 我们改革的目的，就是要_____我们当地的经济和文化。
8. 祝伟大的祖国生日快乐，_____昌盛。

二、用"繁华""繁荣"完成语段：

上海是个__1__的大都市。这里商业__2__，一到周末，商业街上到处人头攒动，非常热闹__3__。然而，我毕业后并没有选择留在上海，而是回到家乡。这里虽然没有上海的经济那么__4__，但她是生我养我的地方。我想要用我所学知识回报家乡，为__5__家乡的经济文化尽自己的一份力量。我希望在不久的将来，我的家乡也能够变成一个兴旺__6__的城市。

繁忙　忙碌

一、下面的句子填哪个词合适：
1. 无论工作日还是节假日，快递员的工作都十分_____。
2. 即使工作_____，她还是会抽空回家看看父母。
3. 每天上下班高峰期，这一路段的交通都很_____。
4. 为了给儿子装修新房子，她一天到晚_____个不停。
5. 春节期间，移动网络异常_____，手机短信经常无法正常发送。
6. 最近，大家都在为准备过年而_____。
7. 广州火车站是全中国最_____的火车站之一。
8. 玛丽_____了一整天，终于把新宿舍打扫干净了。

二、给下面的句子填上合适的词语：
（最繁忙　繁忙的　忙碌的　忙碌着　忙碌起来　忙忙碌碌）
1. 看着那些_____身影，我有一种说不出的压力。
2. 我的公司总部坐落在_____市中心。
3. 工作以后，我的生活开始_____。
4. 他每天_____的，根本没时间停下来好好享受生活。
5. 大年三十，对她来说是一整年_____的一天。
6. 会议就要开始了，工作人员正在紧张地_____。

防止　预防

一、下面的句子填哪个词合适：
1. 由于_____工作做得好，因此_____了病毒的传染。
2. 我们必须尽一切努力_____火灾再次发生。
3. 请大家再认真检查一遍，以_____出现差错。

4. 我明天要带孩子去打_____针。
5. 出发前要做好各种准备工作，_____意外发生。
6. 专家提醒市民出门前多喝水，_____中暑。
7. 只要_____得早，就不会暴发大规模的流行性感冒。
8. 幸亏采取了必要的_____措施，不然我也得病了。
9. 这种病重在_____，目前没有什么特效药。

二、用"防止""预防"完成语段：

夏天到了，天气干燥，为了 1 森林大火的发生，各个林场都竖立着警示牌。这天小明和朋友去森林里野炊，并没有理会警示牌，在森林里生火烧烤。为了 2 烧到周边的落叶，小明和朋友采取了一些 3 措施。他们把周围的树叶都清理到一边，并且洒了一些水。可小明爱抽烟，抽完烟后随手就将烟头丢在了草堆上，草堆还是被点燃了。幸亏他们及时发现，才 4 了一场森林大火。

妨碍　阻碍

一、下面的句子填哪个词合适：

1. 在马路边卖东西的人_____了汽车的通行。
2. 有决心的人一定可以跨过_____取得成功。
3. 由于一些团体的反对，这项政策的实施受到了_____。
4. 这个广告不但没打开市场，反而给产品的销售带来了不少_____。
5. 你们那么大声说话，会_____别人休息的。
6. 能源价格高涨严重_____了经济的复苏。
7. 这小小的挫折不会_____我们前进的步伐。
8. 即使父母极力反对，也_____不了他们继续交往。

9. 你赶紧离开这里，不要_____我执行公务。

二、给下面的句子填上合适的词语：

（妨碍　阻碍　一切阻碍　毫无阻碍　不妨碍　阻碍作用）

1. 他有信心带领团队克服_____，取得最后胜利。
2. 不管前面有多少_____，我都会继续勇敢前进。
3. 你让我留在这里好吗？我保证一定不会_____工作。
4. 这条山脉对季风深入内陆起着重要的_____。
5. 虽然他这件事做错了，但并_____我对他的喜欢。
6. 我没有想到这个方案居然能够_____地通过。

吩咐　嘱咐

一、下面的句子填哪个词合适：

1. 爸爸_____我要照顾好感冒的弟弟。
2. 妈妈_____我去超市买东西，还特别_____我别忘了买一袋米。
3. 员工大多时候是不能违抗老板_____的事情的。
4. 老师总是_____我们上课不能迟到早退。
5. 爸爸_____儿子一定要做个好学生。
6. 老师_____我们考试时一定要看清题目的要求。
7. 大卫_____助手马上给他订一张机票。
8. 经理早上_____的事情你办完了吗？
9. 司机一再_____乘客系好安全带。

二、用"吩咐""嘱咐"完成语段：

因为我是第一天上班，男朋友 1 了很多注意事项。我把他对我的 2 默默记在了心里。刚到办公室，主管就 3 我去准备下午的会议材料。我花了整整两个小时才把材料准备好，正打算拿去交给主管时,突然想起男朋友的 4 ,于是又花了半个小时检查,果然发现了两处错误。反复检查后,我才把材料交给主管。他看完后点了点头表示满意,并 5 道:"小王,第一个任务完成得不错,以后工作也要同样细心才行。"我一边点头一边答道:"我一定认真完成您 6 的每一项工作。您要是没有别的 7 ,我就先出去了。"主管笑着对我说:"好,你先出去吧,好好加油。"走出主管办公室时,我的心里美滋滋的。

丰富　丰盛

一、下面的句子填哪个词合适:

1. 昨天宴会的饭菜非常_____,大家都吃得很开心。
2. 这本书的内容非常_____。
3. 中国的水力资源非常_____,只是还没有充分开发和利用。
4. 他在商海已经闯荡十几年了,有着非常_____的经商经验。
5. 我想多参加一些社会活动,_____自己的阅历和经验。
6. 这里土地肥沃,水草_____,很适合发展畜牧业。
7. 通过参加课外的比赛,我获得了_____的知识。
8. 每天早上,妈妈都为我们准备_____的早餐。

二、用"丰富""丰盛"完成语段:

中山大学的学习、生活配套设施非常齐全。图书馆有 1 的藏书,食堂的饭菜种类也很 2 ,每天可以享受到 3 的午餐、晚餐。学校的校园生活也十分 4 ,各类社团组织的活动 5 多彩,如果加入社团,一定能够 6 你自己的阅历。此外,校园环境优美,东湖水草 7 ,珠江夜色迷人,饭后散步能让你忘却一日学习的疲倦。

腐败　腐朽

一、下面的句子填哪个词合适：
1. 这些埋在地里的木桩都_____了。
2. 我们一定要严惩那些_____分子。
3. 潮湿炎热的天气容易使食物_____变质。
4. 最近，各地司法机关正在加强对_____行为的打击。
5. 这栋教学楼太破旧了，连走道上的栏杆都_____了。
6. _____是一个世界性难题，各个国家都存在。
7. 都什么年代了，你怎么还存在这种_____的思想？
8. 我们在大力发展经济的同时，还要防止和清除_____。

二、给下面的句子填上合适的词语：
（腐朽性　腐败思想　腐败行为　惩治腐败　反腐败　腐败变质）
1. 政府要依法_____行为，营造良好的营商环境。
2. 夏天时吃不完的食物最好放冰箱，不然容易_____。
3. _____是一项长期、复杂、艰巨的任务。
4. 这种制度的_____已经充分暴露出来了。
5. 对贪污受贿、以权谋私等_____，我们必须坚决惩处。
6. 领导干部要自觉抵制各种消极_____的侵蚀。

负担　压力

一、下面的句子填哪个词合适：
1. 现在的孩子从上小学开始就有学习_____了。
2. 他已经很紧张了，你不要再给他施加_____。

3. 睡觉前不要吃东西，以免增加肠胃的_____。
4. 最近我一边写毕业论文一边找工作，感觉_____好大。
5. 一个人撑起整个家庭，我们都知道他的_____很重。
6. 这里的房租太高了，我根本_____不起。
7. 姐姐一个人要_____弟弟妹妹的学费和生活费。
8. 这个书柜不太牢固，能承受的_____有限。

二、用"负担""压力"完成语段：

他是一个刚参加工作的程序员，工资不高，工作 1 却很大，每天加班到晚上十点。为了减轻经济 2 ，他在偏远的地方租了个小单间。由于是在顶楼，自来水的 3 不够，经常没法洗澡。今天这种情况又发生了。他疲惫地躺倒在床上，看着银行账户的余额，想着还要 4 弟弟的学费，感觉肩上的 5 更重了。但他很快安慰自己，每个刚开始参加工作的年轻人都一样，都要面对各种各样的 6 ，只要积极面对，将 7 转化为动力，日子一定会越来越好的。

G

改进　改良　改善

一、下面的句子填哪个词合适：

1. 学校应当_____学生的住宿条件。
2. 李老师_____了这门课的教学方法。
3. 这种小麦在经过品种_____后，产量比原来增加了30%。

4. 领导干部要多听听群众的意见，更好地_____自己的工作作风。

5. 这个工作方案还有很大的_____空间。

6. 周末到了，同学们可以回家好好_____伙食了。

7. 村里通了公路后，农民的生活得到了_____。

8. 在_____了学习方法后，她的成绩有了很大的提高。

二、用"改进""改良""改善"完成语段：

最近几年，政府一系列的惠农政策使得农民的生活有了很大的 1 。水稻品种的 2 ，种植技术的 3 ，使得水稻产量逐年增加，农民收入显著提高。有的农民还经营起了农家乐。政府通过培训帮助农民 4 服务态度，提高服务质量，吸引了越来越多的游客；农民们有了钱，住房条件也得以 5 。总之，现在许多农村的生活环境有了很大的 6 。

改正　更正

一、下面的句子填哪个词合适：

1. 爸爸希望我_____躺着看书的坏毛病。
2. 你如果不把这个坏习惯尽快_____，将来会后悔的。
3. 犯错并不可怕，可怕的是知道错了却不肯_____。
4. 做错了的事就一定要认真_____。
5. 他们发现启事上有错误的信息，准备在报纸上刊登_____启事。
6. 老师要我们好好_____作业中的错误。
7. 我昨天提供的数据不是很准确，今天_____一下。
8. 请_____下面的病句。
9. 他们专门在网站上刊发了一则_____声明。

二、用"改正""更正"完成语段:

孙老师是个十分负责的老师,他选用参考用书时都会先审阅一遍,_1_书中的错误后再推荐给学生。他也会细心指出学生们作业中的错误,让他们一一_2_。孙老师本人也很严谨,有一次他发现自己课上有个知识点讲错了,第二天马上_3_。并且还向学生道歉,表示下次备课会更仔细,_4_马虎的坏习惯。学生们都被他这种虚心_5_错误的态度所感动。

高潮　高峰

一、下面的句子填哪个词合适:

1. 当电影进入_____部分时,观众们都流下了眼泪。
2. 不少作家在四五十岁的时候才达到创作的_____。
3. 现在是乘车的_____期,我们等会儿再过去吧。
4. 随着经济建设_____的到来,文化建设也必然会迎来一个_____。
5. 珠穆朗玛峰是世界第一_____。
6. 盛唐时期,中国文学的成就达到了历史_____。
7. 从第25集开始,这部电视剧的剧情就逐渐进入_____。
8. 这位画家在创作_____时期,每年完成数十幅作品。
9. 周杰伦一出场,晚会立刻掀起_____。

二、用"高潮""高峰"完成语段。

王朗昨晚熬夜看了场_1_迭起的足球赛。比赛的第一个_2_出现在上半场第20分钟,中国队率先破门进球。但几分钟后对手就将比分追平。下半场双方又各进了一个球,比赛不得不进入点球大战。这也是整场比赛的最_3_,最后中国队险胜一球。比赛结束后，王朗兴奋得久久难以入睡，结果早上起晚了，出门便遇上了上班 4 期。好不容易挤上了地铁，他打开手机播放器看起了电视剧，可正当看到 5 的时候，目的地到了，他只好暂停播放，匆匆走出地铁站。

告别　告辞

一、下面的句子填哪个词合适：

1. ＿＿＿＿＿＿了父母与朋友，珍妮来到了北京学习汉语。
2. 我们带着沉重的心情参加李先生的遗体＿＿＿＿＿＿仪式。
3. 山本明天就要回日本了，他特地来向老师＿＿＿＿＿＿。
4. ＿＿＿＿＿＿家乡，他来到中国开始了新的生活。
5. 车来了，我就先＿＿＿＿＿＿了。
6. 抱歉，我待会儿要赶飞机，得＿＿＿＿＿＿了。
7. ＿＿＿＿＿＿了过去，她开始了新的生活。
8. 后天就要结束学习回国了，同学们特地给我办了一场＿＿＿＿＿＿晚会。
9. 他在我家只坐了二十分钟就＿＿＿＿＿＿了。

二、用"告别""告辞"完成语段：

我马上就要大学毕业了。大一时 1 父母， 2 家乡，独自来到一个陌生城市的情景依然历历在目，而如今即将 3 校园，走向社会了。由于疫情的关系，今年学校没有举办毕业典礼，这便好像缺少了一场正式的 4 仪式。但离校以前，我一定要去向张老师 5 。这四年来他给了我许多帮助，我十分感激。

公平　公正

一、下面的句子填哪个词合适：

1. 比赛的规则是_____的，所以大家都应该遵守。
2. 我和小明之间的交易是_____的，在场各位都能证明。
3. 命运也许是不_____的，但我们能尽自身最大的努力去改变它。
4. 小梅的妈妈是个_____无私的人，从不偏袒谁。
5. 有关机关部门应该_____文明执法。
6. 大家抽签决定自己的座位吧，这样最_____。
7. 现在的社会与以前相比，变得越来越_____了。
8. 你要相信我，我一定会_____地处理这件事的。

二、用"公平""公正"完成语段：

当我们降生于这个世界，就注定了会遇到许多不_1_的事情。首先，命运是不_2_的。有些人从小生长在富裕的家庭，有些人却从小就要为生计而烦恼。然而，这并不阻碍我们成为一个_3_的人。年少时我们可能会抱怨生活很不_4_，但当我们长大后会发现，那些不_5_的事情反而会让我们成长，提醒自己千万不要变成一个处事不_6_的人。

攻击　进攻

一、下面的句子填哪个词合适：

1. 中场休息时，这位教练对_____队员进行战术指导。
2. 这支武装部队已开始对敌人发动_____。
3. 示威者_____警察，推翻车辆并将其纵火焚烧。
4. 战士们顶住了敌人疯狂的_____。

5. 足球比赛不能只顾_____，也要学会防守，这样才能获胜。

6. 在网络上对他人进行言语_____可能构成犯罪。

7. 我军准备_____敌人的阵地。

8. 朱婷的_____能力很强，拦网队员根本拦不住她的球。

9. 近期，不少用户的计算机遭到了病毒_____。

二、给下面的句子填上合适的词语：

（大规模进攻　人身攻击　遭受攻击　攻击事件　发起进攻　进攻能力）

1. 他们开始只是争吵，后来演变成_____。

2. 领事馆提醒留学生，如果_____，可立刻拨打电话寻求帮助。

3. 她是目前球队里_____最出色的队员。

4. 敌军兵分三路，开始发动_____。

5. 我们不能再这么被动防守下去了，下半场要主动_____。

6. 这次炸弹_____造成了严重的人员伤亡。

孤单　孤独

一、给下面的句子填上合适的词语：

（孤独　孤单　孤单单　孤孤单单）

1. 在国外生活的头几年，我觉得很_____。

2. 没有你们的陪伴，我感觉很_____。

3. 我是一个很害怕_____的人。

4. 刚到中国的时候，我没有朋友，经常有一种_____感。

5. 周末只有我一个人在家，我感到非常_____。

6. 怎么就你一个人_____地在家，其他人呢？

7. 她在这里没什么朋友，挺_____的，你有空就去陪陪她吧。

8. 你一个人在外面_____的有什么好？

二、用"孤单""孤独"完成语段：

我的邻居是一位老妇人。她经常一个人坐在院子里的藤椅上发呆，看上去很 1 。一天，我经过她家门口时，她突然对我笑了笑，说："进来坐坐吧。"她告诉我，儿女都在外地工作，很少回来。我问她会不会觉得 2 ，她回答我说："没有，我喜欢清静，倒是没什么 3 感。"她还告诉我，她的孙女一到暑假就会来这里看望她。她说她的孙女小时候特别内向，经常躲在家里不出门，性格有些 4 。但自从去年上小学后，性格慢慢开朗起来了，不再一个人 5 地待在家里了。这让她十分开心。

古怪　奇怪

一、下面的句子填哪个词合适：

1. 这里的天气怎么这么_____，六月居然还会下雪。

2. 我的手机刚刚还在这里，一转眼就不见了，真_____！

3. 这个人的脾气很_____。

4. 令人_____的是，为什么他可以忍受一个这么_____的老头儿。

5. 他总是爱做一些_____的动作来吸引我们的注意。

6. 我们班上的同学都不太喜欢他，因为他的性格很_____。

7. 她脑子里总是有一些_____的想法。

8. 他最近不知怎么了，总是说些_____的话。

二、用"古怪""奇怪"完成语段:

自从奶奶去世后,李兰的爷爷脾气变得 1 起来,总是喜欢在傍晚的时候坐在屋外院子里的椅子上,盯着一棵长得十分 2 的柳树看,而且神色有些 3 。这让李兰觉得十分 4 。后来,李兰的母亲告诉她,那是当年爷爷和奶奶一起种的,有着属于他们的回忆。李兰这才明白了爷爷这看似 5 的行为。

关心　关照

一、下面的句子填哪个词合适:

1. 我们应该多_____国家大事。
2. 他请我在他出差的这段时间里帮忙多_____一下他的家人。
3. 有的新司机会在车后面的玻璃上贴上八个字:新手上路,多多_____。
4. 我们都是自己人,在外要相互_____。
5. 大家每天都在_____台风的情况。
6. 你这人太自私了,从来都只是_____自己,一点儿不考虑别人。
7. 你好,我是新来的同事,以后还请多_____。
8. 子女应该多_____父母,经常回家看望他们。
9. 大家都十分_____这场球赛的结果。
10. 最近她把精力全都放在毕业论文上,其他事情一概不_____。

二、用"关心""关照"完成语段。

我是一名插班生。还记得第一节课自我介绍,我说:"大家好,我是小红。请多多 1 。"事实上,大家也确实对我很好,

平时很 _2_ 我，遇到困难总有同学帮助我。老师也十分 _3_ 我的学习生活。这让我感到很温暖。我想以后我也要 _4_ 老师和同学。

管理　治理

一、下面句子填哪个词合适。

1. 小明在图书馆工作，他主要负责_____图书。
2. 政府需要提出可行的措施才能有效_____河道。
3. 为了学习_____企业的经验，李行选择去国外进修一年，主攻企业管理课程。
4. 如何_____环境污染是我们坚持可持续发展中的难题。
5. 小王一直想报考企业_____这个专业。
6. 她想自己_____那间化妆品店。
7. 我不能有效地_____我的时间。
8. 刘浩在我们公司负责_____财务。

二、用"管理""治理"完成语段：

李明和小王一起开了一家塑料加工工厂，他们二人决定共同 _1_ 这家工厂。李明负责 _2_ 工厂的日常事务，小王则负责工厂的对外事务。为了把工厂经营得更好，他们还打算利用业余时间进修 _3_ 学的课程。最近，他们接到上级通知，市政府正在加大力度 _4_ 工业污染，为此，他们决定购买一套新的污水处理设备，为城市环境 _5_ 承担应有的责任。

H

含糊　模糊

一、下面的句子填哪个词合适:
1. 小敏把话说得很_____，好像有什么瞒着我。
2. 对待重要的事情，他一向毫不_____。
3. 提起他的妈妈，不一会儿泪水就_____了他的眼睛。
4. 小明不小心把水洒在了纸上，原本清晰的字一下子便_____了。
5. 奶奶在她小的时候就去世了，所以她对奶奶只有一点儿_____的印象。
6. 老太太毕竟九十多岁了，说话有点儿_____不清也正常。
7. 当被问起迟到的原因时，他很_____，没有正面回答。
8. 做人做事要有原则，这一点他是绝不_____的。
9. 小明拉起二胡可真不_____。

二、用"含糊""模糊"完成语段:

杰克出生在中国，五岁的时候随父母出国了。前两天，他从相册中看到一张 1 的老照片。照片是他小时候游览长城时照的。杰克对长城还有一些 2 的印象。他很想找机会回中国看看，但他担心自己回国无法用汉语交流。因为到了国外很少说汉语，他对汉语的记忆已经很 3 了，说起普通话来有些 4 。杰克下决心一定要重新把汉语学好。虽然工作很忙，他能学习汉语的时间很少，但他跟朋友说，他说到做到，绝不 5 。他向中国朋友询问学习汉语的方法，这位中国朋友做事也毫不 6 ，马上给杰克发来了学习资料，还说要帮他补习汉语。

含义　意义

一、下面的句子填哪个词合适：

1. 从某种_____上说，教师的素质是影响教学效果的决定性因素。
2. 创作要讲究现实_____，作品要让人产生对生活的相关联想。
3. 孩子们在假期里做了很多志愿活动，度过了一个有_____的寒假。
4. 这个村子成功的发展模式，对于广大北方传统农村极具借鉴_____。
5. 你误解了这句话背后的真正_____。
6. 循序渐进这一原则对教学具有普遍的指导_____。
7. 我还没有领会到他话里的_____。
8. 两国外长的这次会谈对于促进两国关系发展具有重要的_____。
9. 词典上给出的释义一般是词的概念_____。
10. 今年回老家过春节，我想买一些有纪念_____的小礼品送给同学。

二、给下面的句子填上合适的词语：

（特殊的含义　意义重大　很有意义　背后的含义　一定的意义　历史意义）

1. 发展国防事业对一个国家来说_____。
2. 我认为这是一次_____的交流活动。
3. 你觉得这句话有什么_____吗？

4. 这篇论文对于深化词汇教学研究具有_____。
5. 五四运动具有十分深远的_____。
6. 谁又能真正理解这首诗_____?

何况　况且

一、下面的句子填哪个词合适：

1. 这种体力活男生都干不来，_____女生呢?
2. 当时的印象就不深，更_____是现在?
3. 我们还是等天亮再继续走吧，这条路晚上不好走，_____还在下大雨。
4. 这道题连老师都解不出来，_____是成绩一般的同学?
5. 这个问题连你都不懂，_____是他呢?
6. 这件事本来就难办，我们大人都未必能处理好，更_____他还只是个孩子。
7. 这件衣服你穿起来很好看，_____也不贵，买了吧。
8. 这篇文章高级班学生阅读尚且觉得困难，_____是初级班的学生!
9. 会场里太闷了，_____现在离开会时间还早，我们先出去走走吧。
10. 这部电影很有意思，_____你今天也没什么事，我们一起去看吧。

二、用"何况""况且"完成语段：

高中学习生活本来就很辛苦，_1_再过几个月就要高考了，辛苦程度可想而知了。但不管怎样，我们都要坚持到底，从小学到现在十几年都熬过来了，_2_这短短的几个月! 前两天看新闻，一位60岁的老人都还打算参加高考，更_3_十几岁的我们!

不过，明天就是元旦假期了，_4_ 我们才刚参加完模拟考试，就先休息两天吧。

缓和　缓解

一、下面的句子填哪个词合适：

1. 双方的矛盾因为他的到来得到了_____。
2. 联合国维和部队的到来，使当地紧张的局势有所_____。
3. 经过他的劝说，玛丽的态度_____了不少。
4. 轻松的谈话_____了她心里的巨大压力。
5. 宝宝的诞生_____了夫妻俩紧张的关系。
6. 在高考前夕，班主任觉得应该做点儿什么来_____一下同学们的压力。
7. 后来他又给我写了一封信，语气_____多了。
8. 父亲今天对我的态度十分_____，完全不像前几天的样子。
9. 我的感冒症状已经有所_____。

二、用"缓和""缓解"完成语段：

大卫和艾力的关系最近 _1_ 多了。他们俩原来是好朋友，但去年年底他们因为一点儿小事发生了争吵。当时我也在场，我努力地想让紧张的气氛 _2_ 下来，但他们都在气头上，谁也不让步。后来好长一段时间他们都互不理睬对方。直到上个月大卫生病住院后艾力主动到医院看望他，两人的矛盾才有所 _3_ 。在医院里，艾力语气 _4_ 地向大卫道歉。大卫有些感动，他也承认了自己的错误，说当时自己说话的态度不够 _5_ ，所以才引起了争吵。他们都表示以后有不同的意见一定要沉住气，好好沟通。

也许是心情变好的缘故,自从艾力去看望大卫后,大卫感觉自己的症状 __6__ 了不少,没过几天就病愈出院了。

慌忙　慌张

一、下面的句子填哪个词合适:

1. 知道这件事之后,我_____跑了出去。
2. 她神色_____地出现在大家面前。
3. 听到警车的声音,歹徒_____逃跑。
4. 快迟到了,可他一点儿也不_____,还是慢慢地走着去上学。
5. 听到门铃响,小李_____跑去开门。
6. 玛丽_____打开背包,发现钱包真的没有了。
7. 谎话被揭穿后,小李显得非常_____。
8. 听说这件事后,她_____跑去找小李求证。
9. 你先别_____,弄清楚情况再做决定。

二、给下面的句子填上合适的词语:

(慌忙　慌张　慌慌张张　不要慌张　不慌不忙　太慌忙　一脸慌张)

1. 遇到问题一定要冷静,千万_____。
2. 这是我第一次参加工作面试,所以心里非常_____。
3. 看到他们两个要打起来了,大家_____跑过去劝阻。
4. 她是一个慢性子,做事总是_____的。
5. 玛丽进门的时候_____,一定是有什么事情瞒着我们。
6. 由于早上出门时_____,大卫把手机忘在家里了。
7. 你别_____的,镇定一点儿。

回顾　回忆

一、下面的句子填哪个词合适：

1. 你好好_____一下，老师昨天布置了什么作业？
2. 大学四年给我留下了美好的_____。
3. 年会上，经理_____了公司过去一年的发展情况。
4. 有句名言说，要_____过去，才能展望未来。
5. 你能_____起的最快乐的一件事是什么？
6. 奶奶一个人的时候经常_____年轻时的事。
7. 这篇文章对"输入理论"十年来的发展进行了详细_____。
8. _____历史，是为了更好地创造未来。

二、用"回顾""回忆"完成语段：

母亲是个喜欢 1 过去的人。昨晚，她又 2 起我出生的时候。那时她和父亲工作都很忙，我出生还不到三个月就被送到乡下的外婆家，直到我七岁读小学时才回到他们身边。母亲说，每当 3 起这些事情时，她都感到很难过，觉得对不起我。我常常安慰她，在外婆家的日子对我来说是一段美好而难忘的 4 。和许多在城市长大的孩子相比，我多了一段乡村生活的珍贵 5 。 6 我过去这些年的创作历程，我觉得小时候的乡村 7 给我带来了许多创作的灵感。

J

机会　时机

一、下面的句子填哪个词合适:

1. 以后到国外学习和交流的_____会越来越多。
2. 政府应该抓住_____，大力发展经济。
3. _____难得，我一定要好好干。
4. 你如果错过了这个大好_____，以后一定会后悔的。
5. _____不对，努力也没用。
6. 你还年轻，_____很多。
7. 我觉得现在不能进攻，_____还不成熟。
8. 请您再给我一次_____，行吗?

二、给下面的句子填上合适的词语:

（等待机会　有机会　没机会　时机成熟　有利时机　把握时机　不失时机）

1. 抓紧研发新产品，一旦_____，就可以投入市场。
2. 希望能_____去现场听他的演唱会。
3. 你不要灰心，做好准备，_____的到来。
4. 如果失去了_____，就失去了优势。
5. 成为电影明星之后，他又_____地进军歌坛。
6. 这几句话如果现在不说，以后恐怕再也_____说了。
7. 商场如战场，_____很重要。

激烈　猛烈　强烈

一、下面的句子填哪个词合适：

1. 大火燃烧得更_____了。
2. 两种颜色形成了_____的对比。
3. 她在公开信中言辞_____地批评了这一方案。
4. 我军向敌方发动了_____的进攻。
5. 风_____地刮着，雨_____地敲打着屋顶。
6. 他向我表达了要学习汉语的_____愿望。
7. 她的心在_____地跳动，紧张极了。
8. 比赛越来越_____，也越来越好看了。
9. 玛丽_____要求公司赔偿她的损失。

二、给下面的句子填上合适的词语：

（激烈地　很激烈　激烈的　更猛烈　猛烈的　强烈的　过于强烈　不激烈）

1. 在光线_____的环境下看书会影响视力。
2. 竞争的确_____，但是我们有信心胜出。
3. 红队的进攻比上半场_____了。
4. 这部作品引起了读者_____共鸣。
5. 这座城市刚刚遭到了_____炮火袭击。
6. 足球赛正在_____进行。
7. 经过_____争论，双方最终达成了协议。
8. 比赛一点儿也_____，不好看！

急切　迫切

一、下面的句子填哪个词合适：
1. 他们_____希望解决这个技术难题。
2. 一见面，他就_____地问："妈妈怎么样了？"
3. 你们的心情很_____，这我理解。
4. 搞好经济建设是我们当前最_____的任务。
5. 面对亲人们_____的呼唤，他激动地流下了眼泪。
6. 大厅里，几百名记者在_____地等待着。
7. 他们的要求非常_____。
8. 这家公司_____需要一位电脑技术人员。
9. 社会的发展_____要求我们学习新技术。

二、给下面的句子填上合适的词语：
（急切　迫切　急切地　十分迫切　急切的　迫切的　迫切需要）
1. 她_____告诉民警，她的儿子失踪了。
2. 队员们想要赢得比赛的心情_____。
3. 看到他那_____样子，我忍不住笑了。
4. 为了适应经济发展的_____，必须这样做。
5. 总经理用_____的语气命令他赶快来北京。
6. 国家_____需要这样的人才。
7. 公司目前一个最_____问题是解决资金不足。

记录　记载

一、下面的句子填哪个词合适：
1. 据唐代诗文_____，李白曾在这里居住过。

2. 根据《山海经》_____，这几十种植物有药用价值。
3. 他用这些照片_____了广州几十年来的变化。
4. 你根据采访_____写一篇关于他的文章。
5. 这名游泳选手是400米蛙泳的世界_____保持者。
6. 大家一个一个说，小李负责_____。
7. 小王_____得比我快，还是由他来做_____吧。
8. 《论语》_____了孔子的言行。
9. 史书上_____了两国人民的友好往来。

二、给下面的句子填上合适的词语：

（会议记录　正在记录　记录下来　有记载　据记载　文字记载　史书记载）

1. _____，这座桥的历史至少有200年。
2. 当时的情况，我都一一_____了。
3. 刘杰负责整理今天的_____。
4. 关于这个问题，《史记》上_____。
5. 据_____，这里唐代时就有人居住。
6. 小张_____实验数据。
7. 这些只是民间的口头传说，缺少_____。

技能　技巧　技术

一、下面的句子填哪个词合适：

1. 语言_____包括听、说、读、写四项_____。
2. 目前的医疗_____还不能治好这种病。
3. 我一定要尽快掌握这种新_____。
4. 现在很多孩子缺乏应有的劳动_____。
5. 老师教给我们几个面试的_____。

6. 这节课讲的是小说中的叙述_____。
7. 这些教学_____你们应当学习和掌握。
8. 你需要学习一些办公室工作的基本_____。
9. 药品必须经过_____部门检验,才能出厂。
10. 他刚刚参加工作,正在接受职业_____培训。

二、用"技能""技巧""技术"完成语段:

在成长过程中,每个人都要学习很多东西。小时候,我们学习自己穿衣服穿鞋子,然后学习洗衣服做饭,这些都是必须掌握的生活 1 。上大学以后,要专门学习某方面的 2 ,比如生物 3 、电子 4 、通信 5 等。此外,我们还要掌握一些基本 6 ,比如语言 7 、电脑操作 8 、劳动 9 等;还要学习一些实用的 10 ,比如表达的 11 、沟通的 12 、与人相处的 13 等。人的一生,是不断学习的一生。

坚定 坚决

一、下面的句子填哪个词合适:

1. 双方感情破裂,_____要求离婚。
2. 在这个问题上,他的态度非常_____。
3. 有了_____的信心,才能打好比赛。
4. 不管我们怎么劝说,他就是_____不去。
5. 仪仗队迈着_____的步伐走了过来。
6. 对这种做法,我表示_____反对。
7. 既然你这么_____,那我就不劝你了。
8. 我们大家都会_____地支持你。

二、给下面的句子填上合适的词语:

(不坚决 坚决地 坚决的 坚定的 坚定地 很坚定

不坚定)

1. 他有自己_____目标，正在朝这个目标努力。
2. 你要_____走自己的路，不要管别人怎么说。
3. 既然上级有规定，我们就得_____执行。
4. 如果不采取_____行动，就不能解决问题。
5. 他看着大家，目光_____。
6. 如果执政党_____惩治腐败，就无法得到人民的支持。
7. 意志_____，就赢不了比赛。

坚固　牢固　稳固

一、下面的句子填哪个词合适：

1. 这根绳子_____得很，不会断的。
2. 这扇门很_____，踢都踢不开。
3. 这座桥是用许多根钢筋架成的，非常_____。
4. 他们俩相恋多年，感情基础很_____。
5. 这个帆布包看起来挺_____的。
6. 红队要想_____自己的冠军地位，就得加倍努力。
7. 我相信我们之间的友谊是_____的。
8. 语言学的基础知识他掌握得很_____。
9. 一般来说，语法比较_____，发展速度缓慢。
10. 这种胶纸质量不好，很难把东西粘_____。

二、给下面的句子填上合适的词语：

（很坚固　坚固的　很牢固　牢固的　牢固地　很稳固　稳固地　稳固的　稳固了）

1. 他用万能胶把这两个东西_____粘贴在一起了。
2. 必须在_____岩石上打一个洞。

3. 西安的古城墙现在依然_____。
4. 经济发展了,才能_____提高人民的生活水平。
5. 这家电器公司在行业内的地位一直_____。
6. 四年大学的学习,为他打下了_____专业基础。
7. 牛仔裤上的带子钉得_____,根本拉不断。
8. 通过交流,进一步_____双方的合作关系。
9. 每个皇帝都希望自己的政权是_____、永远不变的。

坚强　顽强

一、下面的句子填哪个词合适:
1. 作为一个军人,必须有_____的意志。
2. 他们和敌人展开了_____的斗争。
3. 爸爸说,男孩子要勇敢_____,不怕苦不怕累。
4. 蓝队打得非常_____,技术也不错。
5. 杰西这么_____的人都哭了!
6. 你要_____,不要伤心!
7. 这些沙漠中的植物有很_____的生命力。
8. 他的确很_____,处理伤口那么疼他都没哼一声。

二、给下面的句子填上合适的词语:
(很坚强　很顽强　坚强的　顽强的　坚强地　顽强地　顽强拼搏)

1. 为了保卫家园,军民团结一致,_____抵抗侵略军。
2. 摔倒了都不哭,宝宝真是个_____孩子!
3. 他_____,没有流泪。
4. 没有_____意志,是不可能打赢这场比赛的。
5. 年轻的时候就应当_____。

6. 她擦干眼泪，对我说："你放心，我一定会_____活下去。"

7. 敌人_____，我们不能轻视。

简单　简陋

一、下面的句子填哪个词合适：

1. 这篇小说故事情节_____，但人物描写非常精彩。
2. 你把这篇课文用自己的话_____地叙述一遍。
3. 怎么能让你住这么_____的地方呢？我想办法给你换个地方。
4. 这道题很_____，我一下子就想出来了。
5. 他现在住在一个_____的房间里。
6. 工具虽然_____，但挺好用。
7. 他们用_____的设备制造出了精美的产品。
8. 今天咱们_____吃点儿，明天我请你吃大餐。
9. 她虽然三十多岁了，但是头脑很_____。
10. 这里的条件太_____了，你不介意吧？

二、用"简单""简陋"完成对话：

A：小王，听说你租了房子？在哪里？条件怎么样？

B：刚租的，在学校旁边的小区里，房子不大，房东也只是 1 地装修了一下，不过干净舒适。重要的是离学校近，方便呀！

A：装修 2 点儿没关系，但条件不能太 3 ，不然影响生活质量。

B：那倒不至于。我这个人喜欢 4 的生活，家里有几件 5 的家具就好。我其实不但生活 6 ，思想也 7 ，总之一切都 8　。

A：我以前租的房子才 9　呢，只有桌子、椅子和床，厨房和洗手间都是共用的！

B：是吗？你在那么 10　的环境里还做出了那么多成绩，真是佩服你！

简单化　简化

一、下面的句子填哪个词合适：

1. 思想上的片面性和工作上的_____是他最大的问题。
2. 有人建议离婚程序应该_____。
3. _____入境手续是非常必要的。
4. 给外国人讲语法，要善于把复杂的语法规则_____。
5. 人物描写要细致丰满，不能_____、概念化。
6. "北京大学"经常被_____成"北大"。
7. 汉字经过_____，学习起来快多了。
8. 他的表演太_____了，表现不出人物的性格。
9. 希望尽快_____这些繁杂的手续。
10. 把复杂的东西_____，是数学最本质的地方。

二、给下面的句子填上合适的词语：

（简化　简单化　简化的　简化了　简化一些　过于简单化　不简化）

1. 这样就大大_____操作，提高了效率。
2. 现在，越来越多的人追求生活的_____。
3. 我们希望手续能再_____，办理时间能再短一点儿。
4. 你处理这个问题的方法_____，会造成不好的结果。
5. 这个办事流程_____不行，效率太低。

6. 能不能找到一种比较_____表达方式。
7. 复杂的计算过程应当被_____。

建议　提议

一、下面的句子填哪个词合适：
1. 我_____你找个时间跟他好好谈一谈。
2. 每个员工都可以给公司提_____。
3. 根据总经理的_____，麦克将任销售部经理。
4. 大家的_____我们都会认真考虑。
5. 你一定要根据评审专家的_____好好修改论文。
6. 在会上，总统_____由佩罗担任外交部部长。
7. 为了庆祝项目圆满完成，我_____，咱们去喝一杯！
8. 你要听医生的_____，不要喝酒了。
9. 这个_____不错，我觉得可行。

二、给下面的句子填上合适的词语：
（提出建议　听取建议　一个建议　这项提议　合理的建议　什么提议）
1. 这是个_____，我完全赞同。
2. 你应该虚心_____和意见。
3. 我有_____，你听不听？
4. 陈先生，您还有_____？
5. 他向政府_____，希望减免小企业今年的税费。
6. 有一些代表不同意他的_____。

焦急　着急

一、下面的句子填哪个词合适:

1. 这事挺_____的,得赶快办。
2. 他为什么这么_____? 出了什么事?
3. 你_____什么? 时间还早着呢!
4. 讲了半天,他还是不明白,真让人_____!
5. 我心里非常_____,吃不下,睡不着。
6. 他_____地等待着救护车。
7. 我不_____别的,就_____孩子不好好学习。
8. 不要_____,好好想想东西放在哪里了!
9. 年轻人遇到问题容易_____,这很正常。
10. 听说你生病,奶奶_____坏了。

二、给下面的句子填上合适的词语:

(着急了　别着急　不着急　着急得　焦急地　焦急的　焦急)

1. 这几天,他_____吃不下睡不着。
2. 他就是这种慢性子,什么事都_____。
3. 奶奶_____说:"快说,有什么事?"
4. _____,我们一起想办法。
5. 他到现在还没回来,大家都非常_____。
6. 不是让你耐心等等吗? 你怎么又_____!
7. 看你这_____样子,出了什么事?

紧急　紧迫

一、下面的句子填哪个词合适：

1. 她在_____关头作出了一个错误决定。
2. 我们随时要有_____感和危机感。
3. 形势非常_____，不能再犹豫了。
4. 就在这个_____时刻，警察赶到了。
5. 陈医生不管遇到多么_____的事情都能保持镇定。
6. 当前最_____的任务是解决工程急需的资金。
7. 从现在开始，这个地区进入_____状态。
8. 要认识到保护妇女权益的_____性。
9. 飞机燃料不足，需要_____降落。
10. 由于任务_____，我们今晚不得不加班了。

二、给下面的句子填上合适的词语：

（很紧急　紧急通知　紧急求救　紧急情况　紧迫的　形势紧迫　紧迫性）

1. 这些情况充分说明了反腐败工作的_____。
2. 学校刚刚发布了一则_____。
3. 儿科医生严重不足，是当前最_____问题。
4. 如果有_____，立刻向上级报告！
5. 患者的病情_____，值班医生马上展开抢救。
6. 洪水淹没了村庄，必须立刻向当地政府_____。
7. _____，你不能再犹豫了！

紧密　密切

一、下面的句子填哪个词合适：

1. 从此以后，他们之间的关系更加_____了。
2. 这块石头结构_____，十分坚硬。
3. 他们的行动引起了警察的_____注意。
4. 由于时间限制，运动会的比赛安排得非常_____。
5. 土地的沙漠化和气候的变化有着_____关系。
6. 两国之间的来往越来越_____。
7. 心理咨询和心理治疗的联系十分_____。
8. 我们希望进一步_____两国之间的经贸合作。

二、给下面的句子填上合适的词语：

（很紧密　紧密配合　紧密合作　紧密团结　密切接触　密切了　密切注视　密切相关）

1. 这些商贸活动_____两国之间的关系。
2. 我们家长一定会_____学校，加强对孩子的安全教育。
3. 他的研究工作和教学结合得_____。
4. 两国可以在多个领域_____。
5. 凡是和病人有_____者，都应该进行隔离观察。
6. 工作人员一直_____着卫星的运行情况。
7. 个人的命运和国家的命运_____。
8. 奥运会把世界各国的人民_____在一起。

谨慎　慎重

一、下面的句子填哪个词合适：

1. 老张那么_____的人，怎么会出错？

2. 投资有风险，一定要_____！
3. 你们的建议，校长会_____考虑的。
4. 他一辈子小心_____，遇事总是想了又想才做决定。
5. 在还没有更多证据之前，我们对这一结果应保持_____的态度。
6. 他很_____地向我承诺，一定把此事处理好。
7. 一个女孩子出门在外，一定要处处_____。
8. 你都还没认真考虑过就做决定，这也太不_____了！

二、给下面的句子填上合适的词语：
（很谨慎　慎重的　谨慎地　慎重地　不谨慎　不慎重　谦虚谨慎）

1. 他_____看了看周围，才开始在柜员机取钱。
2. 婚姻是大事，一定要_____对待，不能轻率。
3. 他是个_____的人，不会那么轻易上当受骗的。
4. 经过董事会的研究，最后作出了_____决定。
5. 他整天夸夸其谈，一点儿都不_____。
6. 这么重要的事，_____考虑怎么行？
7. 你太_____了！怎么能把保密文件随便放？

经常　时常

一、下面的句子填哪个词合适：
1. 冬天，大卫和哈里_____去滑冰。
2. 妈妈_____向老师了解我在学校的情况。
3. 那些年家里穷，挨饿是_____的。
4. 奶奶_____回忆起年轻时的经历。
5. 周末你_____不_____出去玩？

6. 因为不_____锻炼,小丽才跑了200米就气喘吁吁。
7. _____有外宾到我们学校参观访问。
8. 想要学好汉语,你就要_____说,_____听,_____读。
9. 他纪律性差,迟到、早退是_____的现象。
10. 他和杨东_____一起去吃四川菜。
11. 老李_____去爬山,身体可好了!

二、用"经常""时常"完成对话:

A:琳琳,你为什么 1 跟留学生一起出去吃饭呀?

B:我喜欢 2 和不同国家的人交流,这样不出国就可以了解到世界各地的文化风情。

A:你和他们沟通没有困难吗?

B:一开始会有点儿,因为那时我的英语还不好。现在我 3 说,语言上已经基本没问题啦。

A:你们 4 聊什么内容?

B:日常生活、工作、学习,还有文化是 5 的话题。

A:你们 6 不 7 聊政治话题?

B:很少,因为聊政治话题 8 会引起争吵,而且有的国家的人会觉得聊政治不礼貌。

A:下次你们出去玩,我可以一起吗?

B:没问题。新朋友加入我们是 9 的事,他们会非常欢迎你的。

K

开展　展开

一、下面的句子填哪个词合适：

1. 这个活动_____得非常及时。
2. 大家可以_____想象，画出自己心中的春天。
3. 麦克慢慢地_____了手中的画。
4. 调查组立即赶往当地，迅速_____调查工作。
5. 一场热烈的讨论_____起来了。
6. 一场人和疾病的斗争_____了。
7. 作者在第三段_____心理描写，十分精彩。
8. 这个活动能不能_____下去，要看大家的积极性。
9. 反腐败斗争正在深入_____。

二、把"开展""展开"放在正确的位置上：

1. 商场 A 准备 B 下周 C 迎新年商品 D 大优惠活动。
2. 大家都 A 不感兴趣 B，C 活动当然 D 不起来。
3. A 拳击场上，B 双方选手 C 正在 D 激烈的搏斗。
4. 让我们 A 双臂 B，C 迎接新年 D 的到来吧！
5. 听着音乐 A，你 B 可以尽情地 C 想象 D。
6. 明天 A，两国谈判代表即将 B 在谈判桌上 C 激烈交锋 D。
7. A 这个活动 B 很有意义，应当 C 长期 D 下去。
8. A 一场 B 激烈的辩论 C 已经 D 了。

考虑　着想

一、下面的句子填哪个词合适：

1. 公司_____到你家的困难，决定给你发 3 000 元补助。
2. 我没_____过这个问题，得认真_____一下再决定。
3. 学校禁止同学单独去游泳，是为大家的安全_____。
4. 别_____那么多了，先去吃饭，吃饱了再说。
5. 他只为自己_____，太自私了！
6. 他_____了很久，才做了这个决定。
7. 如果医生和病人都能设身处地为对方_____，就不会有矛盾了。
8. 在设计方案中，各方面的因素都要仔细_____。

二、给下面的句子填上合适的词语：

（考虑　着想　思考　想）

1. 你认真_____一下，这道数学题怎么做。
2. 我这可是为你_____啊！
3. 我得好好_____一下，才能答复你。
4. 我说的事你_____好了没有？
5. 既要_____工作，也要_____你的身体。
6. 他在_____问题，别打扰他。
7. 他_____了半天，也没_____清楚。
8. 大家都为公司的利益_____，事情就好办了。
9. 现在看来，这件事我的确_____得不周到。
10. 你_____吃什么，我给你做。

宽　宽敞

一、下面的句子填哪个词合适：
1. 这张桌子挺大，_____80厘米，长120厘米。
2. 这间宿舍很_____，可以住6个人呢！
3. 小红知识面挺_____的，你有问题可以请教她。
4. 这张床不够_____，睡不下两个人。
5. 我家门前是一条_____的大路。
6. 房子前面有一个_____的院子，可以种花。
7. 我这个人，就是心_____，啥事都不放在心上。
8. 那条街道很_____，两旁种着梧桐树。

二、给下面的句子填上合适的词语：
（宽　太宽　放宽　宽宽的　很宽敞　不宽敞　宽敞的）
1. 客厅_____，但房间比较小。
2. 这个大门只有1米_____。
3. 坐在这明亮_____教室里，感觉真好！
4. 小伙子高高的个子，_____肩膀，真帅气！
5. 孩子已经懂事了，你就_____心吧。
6. 他的家并_____，但很整洁，很舒适。
7. 你什么事都要管，也管得_____了！

L

理解　领会

一、下面的句子填哪个词合适：

1. 我_____你的心情，一定尽力帮你找到孩子。
2. 好演员通过一个手势、眼神或表情，就能立刻_____导演的意图。
3. 看来他并没有_____李明此话中的含义。
4. 父母要_____儿女，儿女也要_____父母。
5. 这篇文章很深奥，内容不太容易_____。
6. 他为什么要放弃这个机会？我很不_____。
7. 我认为这种_____是正确的。
8. 他这样做是对的，可是大家都不_____他。

二、给下面的句子填上合适的词语：

（难理解　不理解　很理解　互相理解　领会　领会了　没有领会）

1. 我朝他使了个眼色，他立刻_____我的意思。
2. 人和人之间要多沟通才能_____。
3. 我的家人都_____我，支持我。
4. 看来你们还_____这次会议的精神。
5. 你_____到总经理的意图了吗？
6. 这个理论太复杂，老师讲了两遍，我还是_____。
7. 这个词语的意思不_____，但用法比较复杂。

谅解　原谅

一、下面的句子填哪个词合适：

1. 他总是伤害你，这次可不能_____他了！
2. 请你_____她所做的这一切。
3. 双方最后终于达成了_____。
4. 能不能得到他的_____，要看你的实际行动。
5. 活动促进了双方的_____，加强了双方的合作交流。
6. 两国在达成政治_____之后，交往更加密切。
7. 我没有办法_____他做过的那些事情。
8. 他既然认识到自己的错误，你就_____他一次吧！
9. 你犯了不可_____的错误，我不可能_____你！
10. 由于修理线路，今天下午停电，请大家_____。

二、给下面的对话填上合适的词语：

（理解　谅解　原谅　领会）

A：昨天我不该对你发脾气，我向你道歉，请你 1 ！

B：没什么，我 2 你的心情。昨天我的态度也有些急躁，也希望你能 3 。

A：可能我没有准确 4 你的意思，有些误会，就着急了。

B：工作中有分歧是很正常的，重要的是要及时沟通、相互 5 ，才能继续合作。

A：是啊，昨天晚上我想了很久，是我不对，所以今天一早就来找你，希望得到你的 6 。

B：好啊，咱们这就算达成 7 了！这事你就别放在心上了，以后好好合作！

A：感谢你的包容和 8 ！我这人头脑比较简单，别人的话如果比较含蓄，我就可能把意思 9 错，所以呀，你以后跟我就有话直说，好吗？

B：好的好的！

履行　实行　执行

一、下面的句子填哪个词合适：

1. 法院的判决至今仍然没有得到_____。
2. 全市各住宅区明天开始_____封闭式管理。
3. 两年过去了，对方并没有_____诺言。
4. 工人们要求_____八小时工作制。
5. 如果他不_____合同，你可以去法院告他。
6. 政府官员应当认真_____自己的职责。
7. 请大家不要干扰警察_____公务。
8. 中国自 1978 年_____改革开放以来，各行各业都取得显著进步。
9. 这个规定不切实际，_____起来会有很大困难。

二、给下面的句子填上合适的词语：

（必须履行　履行了　开始实行　实行了　坚决执行　正在执行　不执行）

1. 从明年起，_____养老金的新标准。
2. 作为教师，我已经_____自己的职责。
3. 这是国家的政策，怎么能_____呢？
4. 让孩子接受教育，是家长_____的义务。
5. _____巡逻任务的警察立即赶往现场。
6. 广州市已经_____垃圾分类，垃圾要分类投放。
7. 他们表示一定_____命令。

M

蔑视　歧视　轻视

一、下面的句子填哪个词合适：

1. 我们不应随便_____他人。
2. _____敌人，经常会造成失败。
3. 法律反对种族_____。
4. 他十分_____损人利己的行为。
5. 对手能力很强，我们绝不能_____。
6. 教师应当尊重每个学生的人格，不得_____个别学生。
7. 别_____这个简单的道理，很多人都因为不懂这个道理而整天不开心。
8. 我们都很_____为了个人利益而不择手段的人。

二、给下面的句子填上合适的词语：

（轻视　歧视　受轻视　受歧视　不能轻视　十分蔑视）

1. 这个伤口处理不好很容易感染，你可_____。
2. 对于那些说一套做一套的人，我_____。
3. 一个文明的社会不应该有性别_____。
4. 阿云在公司的职位很低，但她从来没有感觉自己在公司_____。
5. 很多的肥胖病人由于身体的肥胖而_____。
6. 这么关键的比赛，你怎么可以_____对手！

明显　显著

一、下面的句子填哪个词合适：

1. 在这个问题上，我们俩存在_____的分歧。
2. 这次考试他的进步很_____。
3. 这部小说带有_____的地方色彩。
4. 李明的不满情绪表现得非常_____。
5. 这学期来我校学习的留学生人数_____增加。
6. 罗西现在_____变得越来越活跃了。
7. 经过心理医生的治疗，他的自信心有了_____提高。
8. 你发现没有？杰克最近_____变了。
9. 有一点儿痒的感觉，但感觉不太_____。

二、给下面的句子填上合适的词语：

（很明显　明显的　不明显　显著地　明显感觉到　显著提高）

1. 这种新药能够_____抑制肿瘤的生长。
2. 经过治疗，他脸上的疤痕已经_____了。
3. _____，她已经知道了一切。
4. 走进办公室，我_____一种紧张的气氛。
5. 最近几年，这座城市有了_____变化。
6. 到中国后，我的汉语水平有了_____。

命令　指示

一、下面的句子填哪个词合适：

1. 总统有_____，一个月内完成撤军。
2. 警察_____罪犯立即放下武器。

3. 你们暂时不要动，等待上级的_____。
4. 他总是用_____的语气跟别人说话，令人十分反感。
5. 这件事到底怎么处理，请您_____。
6. 市委领导_____全力抢救受伤的工人。
7. 汉语的祈使句是向对方发出请求或_____。
8. 按照箭头_____的方向，我们应该往北边走。
9. 灾情就是_____！
10. 驾驶员必须按照交通_____灯行驶。

二、给下面的句子填上合适的词语：

（作指示　下命令　执行命令　违抗命令　重要指示　明确指示）

1. 总统视察了空军，并作了_____。
2. 参加会议的人员全部到齐，请团长_____。
3. 要给机器_____，就必须让机器懂得一种语言。
4. 别多问了，_____吧！
5. 没有得到_____之前，任何人都不能擅自行动。
6. 谁要是敢_____，必定受到严厉惩罚。

目光　眼光

一、下面的句子填哪个词合适：

1. _____高但实际能力却很差，这就是眼高手低。
2. 他生气了，双眉一挑，两道_____像冰冷的剑。
3. 他那炯炯的_____显示出自信和活力。
4. 你应该用艺术的_____来欣赏这些作品。
5. 政治家不仅要有政治_____，还要有政治才干。
6. 他的_____的确很独特，挑选的演员都很有特色。

7. 我认为应当用发展的_____来观察和思考问题。
8. 他一出现，大家的_____都被他吸引住了。
9. 我不是一个_____短浅的人。

二、给下面的句子填上合适的词语：

（有眼光 目光中 眼光太高 目光敏锐 长远的目光 老眼光 没眼光）

1. 他的_____充满了自信，好像什么也难不住他。
2. 他一_____，二没勇气，怎么能成功？
3. 红队技术提高很快，你们可不能再用_____看人了。
4. 可能是他_____，老看不上其他人，至今还是单身。
5. 这些企业家太_____了，三十年前就来深圳投资。
6. 做什么事都要有_____。
7. 他是一个思维敏捷、_____、善于观察的学者。

P

培养　培育

一、下面的句子填哪个词合适：

1. 学校注重_____学生的创新精神和创造才能。
2. 教育是_____人的一种社会活动。
3. 现在学校都很重视_____学生的团队合作精神。
4. 杂交是_____生物新品种的途径之一。
5. 在刘教练的_____下，他成为一名优秀的足球运动员。

6. 这些活动是为了_____孩子们的自信心和勇气。
7. _____人才是教师的使命和职责。
8. 在科技人员的帮助下，他们_____出了优质的西瓜。
9. 他们最近研究出用电能_____细菌的技术。
10. 我一定要把孩子_____成对社会有用的人才。

二、给下面的句子填上合适的词语：

（培养出来　注意培养　培养不了　培育成　培育出　辛勤培育）

1. 他花费十几年，才_____了优良的水稻新品种。
2. 良好的习惯是逐渐_____的。
3. 孩子们向_____他们的老师献上了鲜花。
4. 教师要_____学生的优良品德和坚强意志。
5. 我们学校师资有限，_____那么多的学生。
6. 燕麦原来是田间杂草，后来才被_____农作物。

疲惫　疲倦　疲劳

一、给下面的句子填上合适的词语：

1. 大家爬了那么高的山，身体已经十分_____了。
2. 你看他神情_____，肯定是又熬夜了。
3. 考试到来之前，要放松心情，不要熬夜，不要打_____战。
4. 大量流血和过度_____，使他看起来脸色非常不好。
5. 手机屏幕不要调太亮，这样能缓解我们的视觉_____。
6. 他始终不知_____地工作着。
7. 走了55公里路，他的腿部肌肉有些_____。

8. 工作和家庭使他常常感到身心_____。
9. _____驾驶是一个很危险的行为。

二、给下面的句子填上合适的词语：

（消除疲劳　审美疲劳　身心疲惫　神情疲惫　有点儿疲倦　不知疲倦）

1. 她觉得_____，想喝杯咖啡提提神。
2. 这些作文几乎千篇一律，看多了自然会产生_____。
3. 研究表明，即使只有15分钟的午睡也能够有效_____。
4. 为了让家人过上好日子，父亲每天_____地工作。
5. 她每天又要工作又要照顾家庭，这让她感到_____，难以支撑了。
6. 你看他脸色憔悴，_____的样子，真让人心疼。

骗　欺骗　诈骗

一、下面的句子填哪个词合适：

1. 考试作弊是一种_____行为。
2. 他利用别人的同情心_____了很多钱财。
3. 你这样做不是在_____别人，而是在_____自己。
4. 她只是撒了个谎就_____到了一笔生活费。
5. 法律规定利用信用卡进行_____活动，数额较大的，处五年以下有期徒刑。
6. 假如生活_____了你，请不要伤心。
7. 有时候自己_____自己，也可能是件好事。
8. 法官判定小王的行为已经构成_____罪。
9. 有的时候，人不愿意接受真相，却愿意接受_____。

10. 我真的不是有意_____你的，我只是不忍心看到你伤心。

二、用"骗""欺骗""诈骗"完成语段：

目前，校园 1 层出不穷，犯罪分子通过盗取学生的QQ号，冒充熟人进行 2 ，已经有学生被 3 走了不少钱，造成财产损失。警方提醒大家， 4 分子往往是利用人们的同情心进行作案，各种 5 手段更是层出不穷，大家一定要提高警惕。

破坏　损坏

一、下面的句子填哪个词合适：

1. 地震使公路受到严重_____。
2. 你这样做，_____了你在我心中的美好形象。
3. 人类对大自然的_____已经非常严重。
4. 请不要用硬纸擦电视机屏幕，以免_____屏幕。
5. 这些设备使用了很多年，有一些已经_____了。
6. 炒的时间太长会_____蔬菜的营养和味道。
7. 你这么做是在_____比赛的规则。
8. 在搬运过程中，不少货物被_____。
9. 我的心情被他这一句话给_____了。

二、给下面的句子填上合适的词语.

（损坏了　被损坏　没有损坏　破坏了　被破坏　进行破坏　破坏性）

1. 我的快递在运输过程中_____了。
2. 被他这么一闹，课堂气氛完全_____了。
3. 这次台风，对建筑物的_____极大。
4. 这座亭子的设计不合理，_____整个公园的建筑风格。

5. 台风_____很多房屋和树木。
6. 有人用木马程序对研究所的计算机系统_____。
7. 他的牙齿一颗也_____。

Q

恰当　适合

一、下面的句子填哪个词合适：

1. 手机不_____放在枕头旁边。
2. 这件事情大卫处理得不太_____。
3. 她很喜欢这件衣服，但因为没有_____她的颜色，所以只好放弃了。
4. 他邀请我在_____的时候到他的公司参观。
5. 我们要_____地安排好学习时间，才能取得好的学习效果。
6. 我们要采取_____的措施预防流感。
7. 他很有耐心，_____当老师。
8. 在写作中，她_____地运用了很多成语。
9. 你应该在_____的时候跟他谈谈。

二、用"恰当""适合"完成语段：

刚来中国的时候，安东尼取了一个 1 他的中国名字。有一次，他去参加中国朋友小丽的生日会。他给小丽买了个小时钟当生日礼物，他觉得这个时钟上面有一些可爱的卡通图案，很 2 送给女生。可是，他发现小丽收到以后有点儿不高兴。过了一段时间,朋友才告诉他,在中国,时钟不 _3_ 作为生日礼物送给别人,因为"钟"和"终"的发音一样。安东尼这才明白,不 _4_ 地送礼会引起不愉快。他决定以后送礼前多请教别人,希望下次能给朋友送上最 _5_ 的礼物。

恰当　妥当

一、下面的句子填哪个词合适:

1. 用"火爆"来概括现场的情况,非常_____。
2. 这个例子不太_____,最好换一个。
3. 这件事张明办得十分_____。
4. 她在这项研究中_____地运用了新的研究方法。
5. 在_____的时候,我会把这件事告诉他的。
6. 你自己觉得这样做_____不_____?
7. 希望你认真考虑,作出_____的选择。
8. 怎样_____解决双方之间的矛盾,这是首先要考虑的问题。
9. 会议材料我已经准备_____了。

二、给下面的句子填上合适的词语:

(恰当　妥当　合适)

1. 我认为公司的这个工作安排欠_____。
2. 我有很多话要对你说,却又找不到_____的词语来表达。
3. 转了半天,也没买到一双_____的鞋。
4. 李先生认为把这个词看作形容词比较_____。
5. 解决这个问题必须要有_____的场合、时间及条件。
6. 主持人对现场气氛、节奏的控制非常_____。

7. 对于航班延误的旅客，航空公司已经安置_____。
8. 我已经收拾_____了，随时可以出发。
9. 这件衣服有点儿大，我穿不_____。
10. 做事情之前要想一想，这样做是否_____。

前景　前途

一、下面的句子填哪个词合适：

1. 他自己毁了自己的_____。
2. 我们厂连年亏损，_____渺茫。
3. 我对股票市场的_____不看好。
4. 这种环保汽车的应用_____很好。
5. 做父母的都会为儿女的_____操心。
6. 他们对公司的_____缺乏信心。
7. 我很看好这个产品的市场_____。
8. 心理学知识具有广阔的应用_____。
9. 你年轻能干，_____无限啊！

二、给下面的句子填上合适的词语：

（有前途　没前途　好前途　前途无量　市场前景　就业前景　前景广阔）

1. 我想了解一下，今年计算机专业的_____如何？
2. 他觉得这个专业_____，想换个专业。
3. 你还年轻，_____，要好好努力！
4. 他们对新产品的_____进行了分析。
5. 小伙子聪明能干，又能吃苦，很_____。
6. 做父母的，都希望孩子能有个_____。
7. 大家一致认为，两国的合作_____。

侵犯　侵略

一、下面的句子填哪个词合适：

1. 这种行为实际上就是经济上的_____。
2. 任何时候都不能_____他人的利益。
3. 我们认为，这种行为_____了别国的主权。
4. A 国这些年不断_____邻国。
5. 这一天，A 国向 B 国发动了武装_____。
6. 如果 A 国_____B 国，一定会引发一系列严重的后果。
7. 要保证公民的人格尊严、人身自由和财产不受_____。
8. 研究发现，大多数曾经遭受性_____的儿童，长大后都存在心理问题。
9. 我们反对一切_____行为，包括经济、文化上的_____。

二、给下面的句子填上合适的词语：

（侵略过　侵略者　侵略战争　侵略性　没侵犯　互不侵犯　不容侵犯　严重侵犯）

1. 一切_____都是非正义的，注定要失败的。
2. 他们制造假名牌商品，_____了消费者的合法权益。
3. 只要全国人民团结一致，一定能把_____赶出去。
4. 法律明确规定，公民的人身权利_____。
5. 历史上 A 国曾经_____B 国。
6. 我根本_____他的利益，请你们调查清楚！
7. 两国之间要互相尊重，_____。
8. 这头狮子由于长期被关在笼子里，已经失去了_____。

亲身　亲自

一、下面的句子填哪个词合适：
1. 这次去苗寨，我_____感受到了苗族人的热情好客。
2. 我还是不放心，我得_____去一趟。
3. 爸爸七十多岁了，还_____到车站来接我们。
4. 办身份证您得_____去，别人不能代办。
5. 这时候，他才_____体会到生活的艰难。
6. 这篇小说是他根据自己_____的经历来写的。
7. 这首诗写的就是我_____的感受。
8. 让他们_____体验一下农村的生活，是有好处的。

二、给下面的句子填上合适的词语：
（亲身　亲自　自己）
1. 这次江老师_____指导我的论文，我特别高兴！
2. 这是你_____的事，就_____决定吧。
3. 你想知道其中的乐趣，最好_____去体验一下。
4. 要你_____跑一趟给我送资料过来，真是过意不去。
5. 这些文件需要总经理_____处理。
6. 他给我们讲述了他_____经历的往事。
7. 你不用_____送来，让别人带给我就行了。
8. 我的老师_____参与了瑶族文字的创制。
9. 总统_____接见了他，并且和他共进午餐。

勤劳　辛勤

一、下面的句子填哪个词合适：
1. 我们向节日中_____工作的劳动者致敬！

2. 妈妈是个_____的人，她不愿意闲着。
3. 他用_____的劳动改变了自己的命运。
4. 在老师的_____教导下，我成为一名医生。
5. 她是我见过的最_____的人。
6. _____的小蜜蜂每天都去采蜜。
7. 父亲很_____，儿子却很懒惰。
8. 只要你洒下_____的汗水，你就会有所收获。

二、给下面的句子填上合适的词语：
（勤劳勇敢　勤劳的　很勤劳　辛勤地　辛勤的　辛勤培养）
1. 他是个非常节俭、非常_____人。
2. 他们年复一年_____工作，为国家作出了巨大贡献。
3. 没有广大劳动者_____汗水，哪有今天幸福的生活？
4. 这里生活着几十万_____的傣族人。
5. 我们能够为社会作出贡献，要感谢老师们的_____。
6. 这里的人_____，也很能吃苦。

清除　消除

一、下面的句子填哪个词合适：
1. 双方经过交流和沟通，_____了一些分歧和矛盾。
2. 他对我的误解并没有完全_____。
3. 你们几个负责_____杂草、搬运垃圾。
4. 我们要努力把这些旧思想_____干净。
5. 通过心理治疗，可以_____人的心理问题或心理障碍。
6. 吸尘器还可以_____衣物上的灰尘。
7. 你应当想办法_____大家心中的疑问。
8. 不要把嚼过的口香糖乱扔，不然，很难_____。

二、给下面的句子填上合适的词语：

（清除了　清除出去　及时清除　没有清除　消除了　可以消除　消除贫困）

1. 我想知道有什么办法_____这种药物的副作用。
2. 欺压民众的警察必须_____。
3. 要_____牙缝里的脏东西，不然牙齿会坏。
4. 国家下定决心要彻底_____。
5. 他们_____河道中的泥沙和水草，河道通畅了。
6. 他的安慰_____我的紧张和焦虑。
7. 你看，路面上的积雪还_____呢。

清楚　清晰

一、下面的句子填哪个词合适：

1. 想了很久，她的模样在我头脑中渐渐地_____起来。
2. 我很_____你是怎么想的。
3. 张老师已经七十多岁了，但思维还很_____。
4. 这段历史非常_____，没有什么模糊的地方。
5. 一个声音_____地从话筒里传出来。
6. 事故中有多少人伤亡，目前还不_____。
7. 这个问题我还没弄_____。
8. 我听_____了，就按你说的做吧。
9. 你的话说得不_____，我们都不明白。

二、用"清楚""清晰"完成对话：

A：小王，你买的新手机怎么样？照出来的照片 1 吗？
B：挺好的，照片非常 2 ，每一片树叶都能看 3 。
A：那手机看电视剧怎么样？画面、声音怎么样？

B：画面很 4 ，声音也很 5 ，比我原来的手机 6 得多。
A：听说××牌子手机也不错，是吗？
B：你说什么手机？我没听 7 。
A：××牌子手机，我问你××牌子手机怎么样？
B：××牌子手机怎么样我不 8 ，没用过。

情况　情形

一、下面的句子填哪个词合适：
1. 看到这种_____，父母高兴得满脸笑容。
2. 调查小组已经掌握了很多_____。
3. 面对当时那种_____，我很难作出决定。
4. 看现在的_____，这几天不会有危险。
5. _____很严重，今天又有几十人死亡。
6. 我向他们详细介绍了学校的_____。
7. 回忆起大学时学习生活的_____，大家都很激动。
8. 服药后，如果病人有异常_____，立即停药。
9. 看到他们父子相见的_____，在场的人都欢呼起来。

二、给下面的句子填上合适的词语：
（情况　情形　情景）
1. _____有变化，你得马上回来。
2. 这本书主要介绍了当地民族的风俗_____。
3. 全麻手术是在病人完全没有感觉的_____下进行的。
4. 在调查中，他发现了一些非常特殊的_____。
5. 学校现在的_____跟过去大不一样了。
6. 如果有新_____，马上向我报告！
7. 那梦幻般的_____，令人陶醉！

8. 这让他想起了去年过生日时的_____。
9. 我永远忘不了当年参加演讲比赛时的_____。

晴　晴朗

一、下面的句子填哪个词合适：
1. 中午，_____的天空突然乌云密布，要下雨了。
2. 不管天阴天_____，天冷天热，我每天都坚持长跑。
3. 天还没_____，还在下雨呢。
4. 明天是_____天吗？
5. 雨后的早晨，天气格外_____。
6. _____的夜空中，繁星点点。
7. 等天_____了我们一起去爬山。
8. 这里天气_____，温暖如春。

二、用"晴""晴朗"完成语段：

这里的春天天气多变：有时候_1_空万里，突然乌云密布，下起大雨，一会儿雨停云散，天又_2_了。有时候_3_转多云，早晨蓝天白云，天气_4_，慢慢地天空中云彩越来越多，太阳也看不见了。有时候细雨绵绵，连下一两个星期也不_5_。最有意思的是有时候"这边下雨那边_6_"，这边出太阳，那边不远处却在下雨。

这里的秋天总是阳光灿烂，_7_的天空万里无云，像蓝色的大海一样，令人心情舒畅。我喜欢多变的春天，也喜欢_8_的秋天。

R

忍耐　忍受

一、下面的句子填哪个词合适：

1. 千万不要把别人的_____当作软弱。
2. 心理学研究表明，乐观的人比一般人更能_____痛苦。
3. 我可以_____孤独和寂寞，但无法_____误解和嘲笑。
4. 在这样的老板手下工作，你必须学会_____。
5. 他那种高高在上的态度实在让人_____不了。
6. 我实在_____不住，就和他吵起来了。
7. 医生让他再_____一下，伤口很快就包扎好了。
8. 宽容和_____是一种美德。
9. 这种思念亲人的痛苦，我再也不能_____了。

二、给下面的句子填上合适的词语：

（忍受着　忍受了　无法忍受　忍耐不住　忍耐　忍耐一下　忍耐力）

1. 我站得腿都麻了，可时间没到，只好继续_____。
2. 我不和他合作了，他对人那种苛刻让人_____。
3. 她_____悲伤和痛苦，孤独地活着。
4. 他实在_____，把小李狠狠地批评了一顿。
5. 医院马上就到了，你再_____！
6. 这样的日子她居然_____十年！
7. 他具有超乎常人的_____。

S

丧失　失去

一、下面的句子填哪个词合适：

1. 这场大病让他_____了劳动能力，不能再工作了。
2. 因为某种原因，公司可能会_____一些客户。
3. 人不能_____自由，更不能_____尊严。
4. 你要认真想一想，到底得到了什么，_____了什么。
5. 这样对待一个孩子，简直_____了人性！
6. 去年，他接连_____了几个亲人。
7. 你现在这么做，已经_____意义了。
8. 经过这么多挫折，他的自信几乎_____尽了。

二、给下面的句子填上合适的词语：

（丧失掉　丧失信心　丧失记忆　失去机会　失去了　失去联系　失去作用）

1. 那次车祸后，他就_____了，不知道能不能恢复。
2. 这药已经过了保质期，_____了。
3. 毕业之后我们各奔东西，就_____了。
4. 这次你要抓紧，不能再_____了。
5. 任何时候，都不能_____。
6. 有些东西_____就无法挽回。
7. 你_____的不是勇气，是信心。

色彩　颜色

一、下面的句子填哪个词合适：

1. 这首诗有很强的浪漫主义_____。
2. 这些剪纸富有民族_____，很受欢迎。
3. 不给你点儿_____看看，你就不知道我的厉害！
4. 各种服装各种_____，看得人眼睛都花了。
5. 春天的_____是五彩缤纷的，我喜欢春天。
6. 这件红_____的连衣裙很适合你。
7. 这两篇作品的风格_____是完全不同的。
8. 她穿着浅_____的上衣和深_____的裙子。

二、给下面的句子填上合适的词语：

（浅颜色　各种颜色　颜色鲜艳　色彩单调　地方色彩　浪漫色彩　感情色彩）

1. 她喜欢穿_____的衣服，比如红色、黄色、绿色等。
2. _____的衣服很容易弄脏，最好买深颜色的。
3. 每个地区都会有具有自己_____的民俗。
4. 他家的院子里种着_____、各类品种的花。
5. 我觉得这幅画_____了一些，没有表现出秋天的丰富多彩。
6. 根据_____的不同，可以把词语分为褒义词、贬义词、中性词。
7. 她对生活充满幻想，希望生活充满_____。

善于　擅长

一、下面的句子填哪个词合适：

1. 演员要_____观察身边的各种人物，才能演什么像什么。
2. 她性格随和，_____与人相处。
3. 心理描写是她最_____的事。
4. 小丽_____音乐，大伟_____绘画。
5. 罗西最_____演讲，让他去参加演讲比赛吧。
6. 踢足球小明特别_____。
7. 好学生一般都很_____动脑筋。
8. 她性格内向，不_____跟顾客打交道。
9. 我觉得我没什么_____的。

二、给下面的对话填上合适的词语：

（擅长的　很擅长　不擅长　擅长什么　善于学习　很善于　不善于）

1. 他是一个非常细心，又_____思考的人。
2. 修理电脑他_____，他只会修理汽车。
3. 杰克_____打网球，可打排球他不行。
4. 我们不仅要爱学习，还要_____。
5. 我_____控制情绪，容易得罪人。
6. 这是我最_____技术，所以做起来很轻松。
7. 你知道张明_____吗？

实验　试验

一、下面的句子填哪个词合适：

1. 老师说，今天的课在物理_____室上。

2. 他们已经_____了几次，都没有成功。
3. 注射青霉素之前，要先做个皮下_____。
4. 整个_____过程我都参加了。
5. 今天要把_____报告交给刘老师。
6. 近年来，A国已经进行了几次核_____。
7. 哪种药有效，不_____一下怎么会知道？
8. 谁都盼着这项科学_____早日成功。

二、给下面的句子填上合适的词语：

（做实验　实验课　教学实验　临床实验　试验了　试验一下　试验成功）

1. 你想知道这种方法行不行得通，干吗不_____？
2. 经过大家的努力，新产品终于_____了。
3. 我下午要上_____，不能去图书馆。
4. 你找小李？他正在实验室_____呢。
5. 我_____好多次，结果都一样。
6. 这种药要经过_____，来检验它的治疗效果。
7. 要确定哪种方法教学效果比较好，需要进行_____。

事情　事务

一、下面的句子填哪个词合适：

1. 你找我究竟有什么_____呀？
2. 他是研究公共_____的专家，你可以向他请教。
3. 这一段时间，国际上发生了几件大_____。
4. 这是我自己的_____，不用你管。
5. 小张考进了一所著名的会计师_____所。
6. 这件_____很难办，得想个办法。

7. 行政上的_____太多，他都没时间搞研究了。
8. 每天忙忙碌碌，忙的都是些_____性工作。
9. 办公室的一切_____都要向主任汇报。

二、用"事情""事务"完成对话：

A：经理，我有件 1 想跟您商量一下。

B：什么 2 ，你说吧。

A：是这样的，以前办公室的所有日常 3 都是我负责，现在小美来了，我想是不是可以请她帮我分担一些，比如后勤方面的 4 。

B：没有问题，这件 5 我同意。

A：谢谢经理！前段时间公司 6 繁忙，所以到现在才跟您请示。

B：这些是小 7 ，你其实可以自己决定。

A：谢谢经理的信任。我没其他 8 了，先出去工作了。

B：好！

思考　思索

一、下面的句子填哪个词合适：

1. 我觉得他_____问题的方法不对。
2. 我们应该换一种_____方式。
3. 他不假_____，立刻说出了答案。
4. 老师给我们出了10道_____题。
5. 他_____了半天，才明白了这句话的意思。
6. 让我_____一下，然后再答复你。
7. 这道题你有10分钟的_____时间。
8. 人生的意义是什么？这是个需要认真_____的问题。

9. 他认真_____了一会儿,提出了三条建议。

二、给下面的句子填上合适的词语:

(思考思考 思考过 独立思考 思索着 苦苦思索 思索了 思索过)

1. 这道题我还没有_____。
2. 这道题有点儿难,我要好好_____。
3. 杰西_____一会儿,就把这个问题解决了。
4. 他_____着,找不到解决问题的方案。
5. 你应当学会_____,这样才能提高自己的能力。
6. 他早就_____这个哲学问题。
7. 他喝了一口咖啡,低头_____。

死 死亡

一、下面的句子填哪个词合适:

1. 有二人在车祸中不幸_____。
2. 这场战争中_____人数超过了100万。
3. 昨天,他的弟弟_____于车祸。
4. 人一旦离开空气,很快就会_____。
5. 狼孩在人间只生活了九年就_____了。
6. 他的_____是意料之中的。
7. 老人在孤独中_____去。
8. 母亲活活被他气_____了。
9. 老人的时间不多了,正在逐渐走向_____。
10. 他突然_____,儿女都没见他最后一面。

二、用"死""死亡"完成对话:

A:大伟,给你打电话总没人接,我都急_1_了!你怎么了?

B：唉！在赶一个方案，忙 2 了，累 3 了！你打电话什么事？

A：有急事！周南车祸受伤了，咱们去看看他吧！

B：啊！伤得重不重？什么时候的事？

A：伤得不轻，一条腿断了。昨晚他开车出去，被一辆车撞了，对方司机是醉酒驾驶，自己重伤，车上还有两个人，一 4 一伤。

B：喝醉了还开车？不是找 5 吗？

A：据说那个司机以前就有过酒驾的记录，这次又醉酒驾驶，真是 6 不悔改！

B：这个酒驾真是害 7 人！每年因为醉酒驾驶而导致的 8 人数可不少呢！

A：是啊，_9_ 于醉酒驾驶的人是不少，车祸 10 实在不值得，大家都要珍惜生命！

B：你说得对！不说这些了，咱们快去医院看周南吧！

T

讨厌　厌恶

一、下面的句子填哪个词合适：

1. 这个人总是自以为是，真_____！
2. 这家伙怎么那么令人_____。
3. 我十分_____这种卑鄙的行为。
4. 他们在自习室门口打闹，太_____了。
5. 哥哥_____别人乱拿他的东西。

6. 阿里_____地回答道："不关你的事！"
7. 你真_____，每次都要让人等你大半个小时。
8. "_____！害我担心了一整天。"女朋友说。
9. 她_____地看着地上，说："谁又随地吐痰了？"
10. 我对他的这种_____感很难用语言表达。

二、用"讨厌""厌恶"完成语段：

青春期的孩子爱憎分明，喜欢这个，_1_那个，他们都会明确表达出来。他们十分_2_他人对他们的生活指手画脚。如果你总是给他们提意见，他们会对你产生_3_感，觉得你很_4_。比起父母，他们更喜欢和朋友分享秘密，比如喜欢哪个明星、_5_哪门课程等。有些时候，青春期孩子的一些过分的行为也会让人_6_，比如校园暴力、辱骂父母等。

特点　特色　特征

一、下面的句子填哪个词合适：

1. 他的画只会模仿，没有自己的_____。
2. 生煎包是上海的_____小吃。
3. 这首浪漫主义诗歌有什么艺术_____？
4. 歌手要有自己的_____，才能唱出经典的作品。
5. 你家走失的孩子有什么_____？
6. 眼睛小嘴巴大是他的主要_____。
7. 这是我们这里的_____菜，您尝尝。
8. 警察已经掌握了小偷的外貌_____，相信很快能抓到他。
9. 你们俩的作品都不错，各有各的_____。

二、给下面的句子填上合适的词语：

（特色项目　民族特色　相貌特征　艺术特点　地方特色　没特点　有特点）

1. 广东的报纸不能没有广东的_____。
2. 丰富的想象、奇特的夸张是李白诗歌最突出的_____。
3. 他抓住了女孩的_____，画得非常像。
4. 他是蒙古族画家，所以他的画具有鲜明的_____，很受欢迎。
5. 王林的声音很_____，唱歌很好听。
6. 这届的趣味运动会增加了很多_____。
7. 这个设计没创意，_____，得好好修改。

W

违背　违反

一、下面的句子填哪个词合适：

1. 无论如何，我都不会做_____自己良心的事。
2. 他从来不会_____上级的命令。
3. 如果_____了约定，是要负赔偿责任的。
4. 这种_____道德伦理的事情绝对不能做。
5. 千万不要做_____人性的事情。
6. A 国的行为_____了国际法。
7. 由于他严重_____部队纪律，因此受到了处分。
8. 电影里这个细节是与生活常识相_____的。

二、给下面的句子填上合适的词语：

（违背了　违反了　不违背　不违反　违背过　违反过　相违背）

1. 他今天＿＿＿＿公司的规定，受到警告。
2. 我承认，我以前曾经＿＿＿＿学校的纪律。
3. 无论遇到什么情况，我绝＿＿＿＿当初的诺言。
4. 他＿＿＿＿自己的良心，犯下了不可原谅的错误。
5. 你曾经＿＿＿＿自己的誓言吗？
6. 和公司利益＿＿＿＿的事我绝对不会做。
7. 她这么做并＿＿＿＿交通规则。

温和　温柔

一、下面的句子填哪个词合适：

1. 在这些人中，他的观点比较＿＿＿＿。
2. 老师＿＿＿＿地对我说："别紧张，慢慢说！"
3. 她脾气比较急，但其实有一颗＿＿＿＿的心。
4. 冬天，我们就找一个气候＿＿＿＿的地方住几个月。
5. 玛丽唱起了一首＿＿＿＿的歌。
6. 跟小孩子说话，要＿＿＿＿一些。
7. 他＿＿＿＿的语气使我紧张的心情很快平静下来了。
8. 这里气候＿＿＿＿，非常适合居住。
9. 男朋友说她不＿＿＿＿，要和她分手。

二、给下面的句子填上合适的词语：

（比较温和　很温柔　不温柔　温柔的　温和的　温柔地　温和）

1. 她脾气很不好，一点儿也＿＿＿＿。

2. 在这些议员中，佩罗对 A 国的态度_____。
3. 她_____，也很坚强。
4. 大卫有一个_____妻子和一个可爱的女儿。
5. 我们希望用_____方式来解决问题。
6. 外界普遍认为他属于_____的保守派。
7. 睡觉前，他_____亲了亲女儿的额头，然后把灯关上。

误会　误解

一、下面的句子填哪个词合适：
1. 有人说语言和文字是一回事，其实这是一种_____。
2. 你_____了我的意思，请听我解释。
3. 通过交流可以消除双方的_____。
4. 一场_____，真不好意思！
5. 我认为这是对宪法的_____。
6. 你先别生气，这肯定是一个_____。
7. 为了不让读者产生_____，重要术语最好有中英文对照。
8. 你不要_____，我跟她只是同学关系。
9. 你们_____了，我不是老师，我是学生。

二、给下面的句子填上合适的词语：
（误会了　误解了　有误会　有误解　误会过　一种误解　一场误会）
1. 你们之间_____，坐下来好好谈谈吧。
2. 我_____他的观点，所以反对他。
3. 你_____，我不是来吵架的，我是来道歉的。
4. 这种说法实际上是_____。

5. 我曾经_____他,他其实是个好人。
6. 这只是_____,您别放在心上。
7. 很多人对"抑郁症"_____。

X

吸取　吸收

一、下面的句子填哪个词合适:
1. 你要多听取大家的意见,_____大家的智慧。
2. 菠菜和牛奶一起吃,会明显影响钙的_____。
3. 随着年龄增加,人体对钙的_____能力会逐渐下降。
4. 每个人都应该学会从失败中_____教训。
5. 这种材料的墙壁能够_____声音,隔音效果很好。
6. 只有不断_____新的思想,文化才能发展。
7. 饭后不要立刻吃水果,这样水果的营养成分不容易被_____。
8. 雨水很快就被植物的根_____进去了。
9. 缺铁性贫血不宜喝茶,喝茶不利于人体对铁的_____。

二、给下面的句子填上合适的词语:
(吸取了　吸收了　不吸收　不吸取　大量吸收　吸取经验　被吸收　吸收效果)
1. 这种蔬菜在生长期需要_____水分和养料。
2. 网球俱乐部今年_____不少新成员。
3. 他从民间故事中_____灵感,创作出这部电视剧。

4. 五分钟之后，水分已经完全_____了。
5. 如果你仍然_____教训，以后还是会犯同样的错误。
6. 我们要从前辈那里_____，提高自己的工作能力。
7. _____新的人才，公司怎么发展？
8. 涂完护肤品后，用手轻轻按摩一下，_____更好。

习惯　习俗

一、下面的句子填哪个词合适：
1. 春节时长辈给孩子"压岁钱"，是中国人的_____。
2. 你不了解当地的_____，怎么和当地人打交道？
3. 麦克_____用左手写字。
4. 每天早上喝一杯绿茶，是他的_____。
5. 他的饮食_____和我差不多。
6. 这是北方的_____，没什么奇怪的！
7. 你对新环境还不_____，_____了就好了。
8. 要养成好_____，早睡早起，坚持锻炼。

二、用"习惯""习俗"完成语段：

去年我来到广州中山大学学习汉语，刚开始的一段时间我不太 1 ，环境不太 2 ，生活上也不太 3 ，不 4 人多，不 5 用筷子，总之，有很多方面都不 6 。不过后来很快就 7 了，年轻人嘛，适应得快。

广东有一些 8 很有意思，比如，别人给你倒茶时，你要用三个手指轻轻地敲击桌面，表示感谢。还有，广东有"饮茶"的 9 ，"饮茶"可不只是喝茶，而是一边喝茶，一边吃各种点心。据我所知，这些 10 北方可没有。

来广州以后，我改掉了熬夜的坏 11 ，养成了早晨跑步的好 12 。我在这里生活得很开心。

细致　详细　仔细

一、下面的句子填哪个词合适：

1. 事情的_____经过我有空再跟你说。
2. 警察要求小李把看到的情况_____地说一遍。
3. 这件衣服的做工非常_____。
4. 请给我一份这个项目的_____资料。
5. 这本书对非洲动物的描写十分_____，且寓教于乐，可读性很高。
6. 我回家_____想想，再告诉你买不买。
7. 阿里是个很_____的助理，你可以放心把事情交给他。
8. 请把_____地址告诉我，我好给你寄快递。
9. 我现在记不清了，你让我_____回忆一下。

二、给下面的句子填上合适的词语：

（详细的　细致的　仔细的　仔细地　很细致　精巧细致　详细地）

1. _____读者可能会发现不同版本的《红楼梦》内容有所不同。
2. 小王昨天给公司提交了一份_____调查报告。
3. 你再_____看看，这两张照片到底是不是同一个人。
4. 她的手上戴着一只花纹_____银手镯。
5. 说明书上_____说明了这种药物的用量和用法。
6. 这只花瓶做得如此_____，价格一定很贵吧？
7. 这本小说对人物刻画得_____。

相信　信赖

一、下面的句子填哪个词合适：
1. 他_____世界上没有鬼。
2. 大家都不_____他已经去世了这件事。
3. 在这里我有了自己的朋友，他们是一群值得_____的人。
4. 他受到村民们的一致_____，当选为村长。
5. 我们对这个品牌很_____，经常买这个品牌的东西。
6. 他是一位好领导，公司里的员工都很_____他。
7. 同学们都很_____他，所以选他做班长。
8. 李明在公司里努力工作了五年，终于取得了领导们的_____。
9. 做任何事情，我们都要_____自己，才能取得成功。

二、用"相信""信赖"完成语段：

小明经常在山上放羊。一天，他觉得日子过得很无聊，便想跟村民们开个玩笑。他在山上大喊："狼来了，狼来了。"村民们听到喊声都 1 了，立刻跑到山上打狼，可是到了山上才发现被小明骗了。大家生气极了，觉得他是个不值得 2 的人，再也不愿意 3 他的话。又有一天，狼真的来了。小明大喊，可这次没人 4 他说的。他这才明白自己做错了。他每家每户地去向村民们道歉，村民们见他态度诚恳，就原谅了他。一位长者语重心长地说：" 5 你经过了这次教训，以后再也不敢撒谎了。"小明从那以后确实再也没有说过半句假话，后来终于再次得到了大家的 6 。

新颖　崭新

一、下面的句子填哪个词合适:

1. 这种_____的宣传方式引起了人们的关注。
2. 明年将是_____的一年,也将是艰难的一年。
3. 迈克解题的思路很_____,连老师都没有想到。
4. 今天买东西的时候,老板找给我一枚_____的硬币。
5. 这家店的裙子款式设计得很_____。
6. 这个设计一点儿都不_____,之前已经有很多类似的设计了。
7. 这是一个十分_____的观点。
8. 王老师今天穿了一件_____的外套。

二、用"新颖""崭新"完成语段:

(一)春节是中国最重要的节日之一。为了迎接 1 的一年,家家户户都贴上了春联,屋子打扫得干干净净,大人小孩也都换上 2 的衣服,与家人朋友相聚。小孩子们聚在一起会暗暗比较谁的衣服更好看,鞋子款式更 3 。

(二)麦克是学校辩论队的成员。他能言善辩,常常被评委夸奖"角度 4 "。对于这次辩论赛,他又有了一些 5 的观点,跟队员分享之后,玛丽赞叹说:"这个观点真是太 6 了,这次我们一定能把对手打败!"

信念　信心

一、下面的句子填哪个词合适:

1. 我们带着必胜的_____走进了高考的考场。
2. 你有_____完成今年下半年的目标吗?

3. 小李全心全意为人民服务的_____从未动摇过。
4. 小红三次考试成绩都不理想,这让她失去了_____。
5. 我们有_____一定能战胜疫情。
6. 他_____百倍地加入一家科技公司,开始了他的职业生涯。
7. 你只要有坚定的_____,最后一定能够获得成功。
8. 几次扣球都被对方拦死了,10号运动员的_____开始动摇了。

二、用"信念""信心"完成语段:

面对突然发生的疫情,许多医护人员坚守自己的岗位,他们都有一个共同的 1 和目标,那就是竭尽全力挽救每一位病人的生命。虽然不知道疫情何时能够结束,但他们依然充满 2 。他们相信,只要大家坚定 3 ,一方面做好防治工作,一方面做好科研攻关,一定能取得抗击疫情的胜利。他们也经常鼓励病人要有 4 。他们告诉病人,只要树立起 5 ,并积极配合治疗,就一定能够战胜病魔。

需求　需要

一、下面的句子填哪个词合适:

1. 厂商不断更新商品来迎合顾客的_____。
2. 制作红烧鸡翅_____鸡中翅、酱油和葱花等。
3. 受到疫情的影响,对外出口_____量大幅下降。
4. 为了满足消费者的_____,厂商开发出许多新的商品和服务项目。
5. 目前城乡市场的供给结构和_____结构存在不协调现象。

6. 我们要不断更新知识，以适应社会的_____。

7. 随着近几年粮食自给率的提高，粮食进口_____有所下降。

8. 教师应根据学生的_____进行教学。

9. 各地经济发展情况不同，人才_____状况也存在较大差异。

二、用"需求""需要"完成语段：

2020年上半年，由于疫情的影响，人们对口罩的 1 量大幅增长。为了满足人们的 2 ，生产厂家纷纷加大产量。但由于人们 3 的数量实在太多了，口罩很长时间都处于供不应求的状态，很多地方 4 通过预约购买的方式才能买到数量有限的口罩。好在随着疫情逐步得到缓解，口罩 5 也在逐渐减少，现在人们大多都能根据自己的实际 6 自由购买口罩了。

Y

压抑　抑制

一、下面的句子填哪个词合适：

1. 站在领奖台的那一刻，他终于_____不住内心的激动，泪水夺眶而出。

2. 得知公司准备裁减员工的消息后，办公室的气氛很_____。

3. 有时，人很难_____自己的欲望和冲动。

4. 心情_____的时候，他经常去酒吧喝酒。

5. 这种药能够有效地_____癌细胞的扩散。

6. _____的环境不利于人的身心健康。

7. 为了_____楼价过快上涨，政府采取了一系列限购措施。

8. 这种面霜据说能够有效_____黑色素的形成。

9. 稳定经济，_____物价上涨是今年政府的工作重点。

10. 这种沐浴露还有抗菌成分，能够_____细菌生长。

二、用"压抑""抑制"完成语段：

米米家的小猫今天早晨死了，她心情很 1 。但是她还是 2 住了自己的悲伤，准时到学校上课。由于心情不好，米米觉得周围的一切都让她感到 3 。上汉语口语课时，老师要求学生说一件"令人难过"的事情，她不由得想起了小猫，再也 4 不住自己的泪水。下课后，大家纷纷过来安慰米米，想方设法让她摆脱 5 的心情。

严厉　严肃

一、下面的句子填哪个词合适：

1. 王老师十分_____，同学们都很怕她。

2. 校长开会时一再强调要_____校风校纪。

3. 近年来，政府开始_____打击盗版行为。

4. 团结、紧张、_____、活泼，是我们学习、工作所必需的积极氛围。

5. 我们必须_____考场纪律，杜绝作弊事件的发生。

6. 不管什么人，只要违反规定，都会受到_____处罚。

7. 犯罪分子最终必将受到法律的_____制裁。

8. 爸爸看起来很_____，不像在开玩笑。

9. 婚姻是一件很_____的事情，你一定要慎重决定。

二、用"严厉""严肃"完成语段：

最近学校发生了一起考试作弊案。校长为此专门召开了学生座谈会。会上，校长的样子十分 1 ，他 2 批评了作弊的学生，并表示为了 3 纪律，学校决定对考试作弊的学生进行处分。他强调，考场纪律十分重要，大家一定要 4 对待。在未来的考试中学校一定会继续 5 打击作弊行为。

一辈子　终身

一、下面的句子填哪个词合适：

1. 爷爷是个老农民，_____都在种地。
2. 目前这种病无法完全治愈，一旦得病需要_____治疗。
3. 当时他把飞行员作为他的_____职业。
4. 大学四年的时光，他们_____都不会忘记。
5. 一到春节，长辈们总会特别关心晚辈的"_____大事"。
6. 这款电动牙刷_____保修，你可以放心购买。
7. 没能赶回去参加姐姐的婚礼是我_____的遗憾。
8. 外公_____就只穿过一次西装。
9. 如果罪名成立，他将面临_____监禁。

二、用"一辈子""终身"完成语段：

 1 学习是社会的一大趋势。知识是没有止境的，人这 2 只有不断地学习，才能不被时代抛弃。像张老师，他虽然教语文，但平时还学习了不少历史、哲学、政治、经济等学科的知识。他说既然选择了教师作为他的 3 职业，那他就要把这 4 全都奉献给教育事业，不断提升自己的业务水平。他认为学习是 5 的事，"活到老，学到老"这句话是他的座右铭。

一再 再三

一、下面的句子填哪个词合适:

1. 你不能_____伤她的心啊!
2. 他思考_____，还是决定买下这辆车。
3. 老师_____强调考试时要认真看题，结果还是有同学看错题目。
4. 李部长_____违反规定，最后被带走调查了。
5. 他当着大家的面，_____嘲笑我，我实在受不了了!
6. 林亮_____说明自己跟这件事无关。
7. 在小王的_____要求下，医生最后同意让他出院。
8. 她之前_____欺骗你，你怎么还相信她?

二、用"一再""再三"完成语段:

由于春运期间客流量巨大，铁路部门 1 提醒旅客在购买火车票时，要 2 检查是否买对车次和日期。小王打算提前通过网站购买回家的车票，他考虑 3 ，决定先坐高铁到上海再转大巴回家。可由于买票的人太多，售票网站 4 出现故障，等到恢复时，车票已经卖完了。还回不回家过年呢?犹豫 5 后，他决定改坐飞机回家过年。

依靠 依赖

一、下面的句子填哪个词合适:

1. 你要学会独立，不能只想着_____他人。
2. 这种止疼药有一定的_____性，不能长期服用。
3. 人类的发展_____大自然，保护大自然就是保护我们自己。

4. 他自从毕业之后就成了家里的_____，是家里主要的经济来源。

5. 爷爷退休后，主要_____退休金维持生活。

6. 我军战胜敌人的秘诀就是_____人民群众。

7. 如果家长不放手，孩子就很难摆脱对家长的_____性。

8. 他对广州太熟悉了，在市内开车完全不需要_____导航系统。

9. 和小李在一起以后，她觉得自己找到了_____。

二、用"依靠""依赖"完成语段：

古时候的女子受到"三从四德"的影响，往往把丈夫和儿子当作自己的 1 。而如今，女性必须要 2 男性的时代已经一去不复返了。现代社会的女性懂得独立的重要性，她们知道，如果太过于 3 男人，必然会使自己失去独立性。她们希望通过自己的努力在社会立足。如今我们可以发现，许多结了婚的女性也不再 4 自己的丈夫，她们 5 自己的能力在各行各业获得了很大的成就。

以前　以往

一、下面的句子填哪个词合适：

1. 每当我回忆起_____发生的事，都感到十分快乐。

2. 在很久很久_____，森林里住着一群野人。

3. 多年_____，这里发生过一起杀人案。

4. 老师让我明天十点后再去找她，十点_____她不在办公室。

5. 根据_____的经验，这次考试不会太难。

6. 妈妈嘱咐我，六点_____必须到家。

7. 她依然像_____那样刻苦训练。
8. 王大叔最近的身体比_____好多了。
9. 三天_____，小李来办公室找过我。
10. 老板交代我明天早上十点_____把报告发给他。

二、用"以前""以往"完成语段：

很多年 1 ，当他还是个小孩子的时候，他就有考北大的愿望。后来，他真的考上了北大。出发去上学 2 ，他告诉自己毕业后一定要回来建设家乡。现在他毕业了，不久 3 ，他找到了一份在家乡的工作。回去以后，他发现家乡和 4 不一样了， 5 的郊区也已经盖起了高楼大厦。原来当他在人生路上前进的同时，他的家乡也没有停下发展的脚步。

引导　指导

一、下面的句子填哪个词合适：

1. 媒体有正确_____青少年成长的责任。
2. 围绕"是否追星"这个话题，老师_____学生开展辩论。
3. 张老师是我的声乐_____老师。
4. 这个孩子如果再不好好进行教育和_____，迟早会学坏的。
5. 政府组织农业专家到农村为农民提供种植技术的_____。
6. 我刚才在小区门口领取了一本垃圾分类_____手册。
7. 我希望找一位好导师_____我的毕业论文。
8. 这所学校始终坚持"善待学生"的办学_____思想。
9. 王老师一直担任我们学校篮球队的技术_____。

10. 在带领球队赢得奥运会冠军后，郎平_____激动得流下了眼泪。

二、用"引导""指导"完成语段：

周老师是我们的物理老师，她教学经验十分丰富。培养学生的自主学习能力一直是周老师的教学 1 思想。课堂上，她总会先使用各种方法 2 学生主动思考。作为我毕业论文的 3 老师，她对我的论文提出了许多宝贵的 4 意见。此外，周老师还给我不少就业方面的 5 ，我真的十分感激她。

优良　优秀　优异

一、下面的句子填哪个词合适：

1. 他是一个非常_____的人，在校期间获奖无数。
2. 她是一名_____的外科医生，曾成功完成多个高难度手术。
3. 这种水稻是_____品种，一年产量是普通水稻的两倍。
4. 她今天能取得如此_____的成绩，跟她的努力是分不开的。
5. 小明的毕业论文被评为_____论文。
6. 最近工厂引进了一批性能_____的先进设备。
7. 这次 800 米跑步考核中，所有同学成绩都达到_____以上，其中三名同学跑进 3 分 10 秒，成绩_____，小刘更是以 2 分 30 秒的_____成绩夺得第一名。
8. 王院士在水资源保护方面作出了_____的贡献。

二、用"优良""优秀""优异"完成语段：

我们班是一个 1 的班集体。班里的同学们各方面表现都很 2 。就拿毕业得奖情况来说吧，班里二分之一同学的论文被评为 3 毕业论文,三分之一的同学获得了 4 毕业生的称号。除了学业成绩 5 外,更难能可贵的是,我们的同学个个都有 6 的品德,大家平时热心公益事业,经常做好事。

Z

灾害　灾难

一、下面的句子填哪个词合适:

1. 台风是沿海地区夏季多发的自然_____之一。
2. 此次疫情不是一国的_____,而是全人类的_____。
3. 面对突如其来的_____,他表现得很勇敢。
4. 大地震给当地带来深重的_____。
5. 战争无论对于哪个国家来说都是一场_____。
6. 此次暴雨带来的洪涝_____给城市造成了巨大的经济损失。
7. 如果大桥坍塌,那后果将是_____性的。
8. 今年以来,这里的农民饱受病虫_____之苦。
9. 去年共成功预报地质_____403起。

二、用"灾害""灾难"完成语段:

四川地处喜马拉雅－地中海地震带,是地震 1 多发的地区。雅安地震给人们带来了深重的 2 。然而,在 3 面前,人们并没有轻言放弃,而是团结一心,积极组织自救,努力防止次生 4 发生。各地救援队伍也纷纷赶赴灾区,和那里的人民共同对抗这场突如其来的 5 。

赞美　赞扬

一、下面的句子填哪个词合适：

1. 他这种高尚的品德值得_____。
2. 教练_____队员在比赛中体现出很好的团队合作精神。
3. "墙角数枝梅，凌寒独自开"这两句诗_____了梅花的高洁品质。
4. 钱老师的教学成绩突出，受到了家长们的_____。
5. 这些诗歌_____了家乡这些年日新月异的变化。
6. 这篇文章高度_____了援鄂医疗队舍生忘死的精神。
7. 《唐古拉》是一首_____祖国的通俗歌曲。
8. 这本书全面介绍并高度_____了儒家思想和文化。
9. 我相信他对你的_____是发自内心的。
10. 孩子们正在教堂里练唱_____诗。

二、用"赞美""赞扬"完成语段：

中国历史上有许多 1 花的诗文。"墙角数枝梅，凌寒独自开。"梅花凌寒傲立，文人墨客 2 这种品质，纷纷以梅花自喻。"唯有牡丹真国色，花开时节动京城。"牡丹雍容华贵，不少诗人也以牡丹作喻， 3 女子娇好的容颜。"雨中草色绿堪染，水上桃花红欲燃。"诗人既是在 4 桃花，也是在 5 春日。

展示　展现

一、下面的句子填哪个词合适：

1. 他向我们_____了一幅精美的油画。
2. 穿过小径，_____在我们眼前的是一片大森林。

3. 这是他第一次在公开场合_____他的书法作品。
4. 这个舞蹈_____出年轻人特有的魅力。
5. 这是一个非常好的_____才能的机会。
6. 下周一我们公司举行新产品_____会。
7. 这个博物馆每个月_____的珍品都不同。
8. 他在关键时刻_____出一名老战士的坚毅品格。
9. _____柜里陈列的产品都是今年最新的款式。
10. 买家要求我们_____一下这款机器的新功能。

二、用"展示""展现"完成语段：

穿过博物馆大门， 1 在眼前的是"大唐风华"展厅。这个 2 厅向参观者 3 了大唐时期的各种器具和艺术作品等。这些 4 品充分 5 了大唐时期的繁荣昌盛。展厅旁的文化商店 6 了各种周边产品，感兴趣的游客可以进行选购。

镇定　镇静

一、下面的句子填哪个词合适：

1. 有的_____剂会有副作用，应该谨慎使用。
2. 据说有的水果吃了能有_____作用。
3. 屋里传来她_____有力的声音。
4. 李明的语气听起来很_____，不像是有什么事瞒着我们。
5. 她深深地吸了一口气，努力使自己_____下来。
6. 尽管玛丽努力地_____自己，但还是可以看出她很紧张。
7. 救援队员呼吁大家保持_____。
8. 他声音_____而响亮，语气平和而坚定。

9. 有些音乐有一种_____人心的作用。

10. 小王心理素质不错，面试时表现得很_____。

二、用"镇定""镇静"完成语段：

病人现在情绪很不稳定，自己无法 1 下来。因此医生决定给她打一针 2 剂。过了一会儿，病人的情绪慢慢恢复正常，医生开始对她进行问诊。她此时语气很 3 ，像是什么事情也没发生过。她 4 地对医生说："我觉得我很正常，一点儿问题也没有。"

证明　证实

一、下面的句子填哪个词合适：

1. 实验的结果_____这个假设是正确的。
2. 入职的时候需要提供无犯罪_____。
3. 几个月前的预测在今天被_____了。
4. 我可以为他作_____，他不会干这种事。
5. 动物实验_____，这种药物对治疗糖尿病有效。
6. 这次数学考试的_____题很难，全班只有一个人做出来了。
7. 他说这个产品申请了专利，但却提供不了任何____材料。
8. 她又开始跑步，_____她的腿伤已经好了。
9. 请你提供在校学习成绩的中英文_____。
10. 这种观点是否正确还有待进一步_____。

二、用"证明""证实"完成语段：

赛前预测被 1 了，红队最终取得了胜利。由于蓝队进攻主力队员大卫受伤无法上场，蓝队整场比赛无法组织起有效的进攻，这也 2 了大卫的缺赛确实对蓝队影响较大。而红队今天多次突破蓝队的防线成功进球，3 他们赛前制定的战术是有效的。他们通过完美的配合 4 了自己的实力。

智慧　智力

一、下面的句子填哪个词合适：

1. 韦氏＿＿＿＿测验是目前世界上应用最广的＿＿＿＿测验之一。
2. 幸福的生活是用勤劳和＿＿＿＿创造出来的。
3. 万里长城是中国人民＿＿＿＿的结晶。
4. 诸葛亮是《三国演义》中最有＿＿＿＿的人物之一。
5. 幼儿＿＿＿＿受到遗传、环境、教育等因素的影响。
6. 解决这些矛盾，不仅需要勇气，更需要＿＿＿＿。
7. 钱锺书先生的文章充满了＿＿＿＿。
8. 下围棋对开发儿童的＿＿＿＿有好处。
9. 说话幽默的人往往是有＿＿＿＿的人。
10. 这些学生的＿＿＿＿水平、学习能力等各方面都不错。

二、用"智慧""智力"完成语段：

鲁班是中国土木建筑工程的鼻祖，他充满了 1 ，发明创造了许多工具。曲尺、锯子、鲁班锁等相传都是他发明的。其中鲁班锁还是一款广受欢迎的 2 玩具，据说经常玩鲁班锁可以开发孩子的 3 ，有助于孩子 4 的发展。鲁班的名字实际上已经成为古代劳动人民 5 的象征。

忠诚　忠实

一、下面的句子填哪个词合适:

1. _____是军人的本色。
2. 这只小狗是我最_____的伙伴。
3. 艺术创作_____于生活又高于生活。
4. 他是周杰伦_____的歌迷,周杰伦出的每一张唱片他都有。
5. 王医生默默下定决心,他将一辈子_____于医学事业。
6. 他为人_____,大家都愿意跟他做朋友。
7. 他发誓永远_____于自己的妻子。
8. 小王是军人,他说他会永远对国家和人民_____。
9. 父亲在创作这个剧本时,既_____于历史,又不拘泥于历史。

二、用"忠诚""忠实"完成语段:

我是好莱坞电影的 1 影迷,我最喜欢的电影是《忠犬八公的故事》。 2 是这部电影的主题。在这部电影里,八公是一条非常 3 的狗,是教授最 4 的朋友,它在教授去世后的八年里每天都按时在教授下班的车站等待。这部电影 5 于真实事件,改编得十分成功。

周到　周密

一、下面的句子填哪个词合适:

1. 为了保证成功,我们必须要_____计划。
2. 这次行动是经过_____部署的,大家要有信心。
3. 我家对面的那家饭店服务十分_____。

4. 小王，还是你考虑得_____啊！
5. 王阿姨这几天把我们的衣食住行都照顾得很_____。
6. 他在制定一个_____的实施方案。
7. 只有服务真诚_____，客人才愿意常来。
8. 这篇报告论证得不够_____，很难让人信服。
9. 妻子在家把老人和孩子都照顾得十分_____。
10. 他是我们的贵宾客户，礼节方面一定要_____。

二、用"周到""周密"完成语段：

李欢考虑事情总是很 1 ，所以我们早就把制订旅行计划的任务交给她了。她今天告诉我们她已经制订了一个细致 2 的计划。她说，这次预订的酒店价格很划算，而且据网友评价服务也很 3 。听说酒店甚至还有专业的医疗人员，能为有需要的客人提供优质的医疗服务和 4 的照顾。大家听了她的介绍后都觉得很满意。

专程　专门

一、下面的句子填哪个词合适：

1. 她_____从国外回来参加哥哥的婚礼。
2. 这是我_____为你做的东北特色菜，你尝尝看。
3. 这家商店_____卖厨房用品。
4. HSK是_____考察留学生汉语水平的考试。
5. 研究地理的人很多，但_____研究历史地理学的人很少。
6. 为了尝一尝这家店的奶茶，她们_____从深圳坐高铁过来。
7. 你工作忙，不必_____来看我。

8. 为了更好地了解中国，我_____选修了中国概况课。
9. 这本书安排了_____的一章来介绍莫言的小说。
10. 她请了一名汉语老师_____教她汉语。

二、用"专程""专门"完成语段：

李老师是 1 研究青少年发展的专家。在她看来，年轻人很愿意为自己喜爱的事物付出大量的精力、金钱与时间。他们会为了买一部新手机而 2 节衣缩食数月，会为了一杯网红奶茶 3 排队数小时，会为了看懂日剧、韩剧 4 学一门语言，也会为了听一场演唱会 5 坐飞机到另一个城市。

庄严　庄重

一、下面的句子填哪个词合适：
1. 主席带领大家_____宣誓。
2. 他_____地说出自己的决定。
3. 整个雕塑被环绕在翠柏之中，显得格外_____、肃穆。
4. 阿里十分_____地对我说："我错了，请你原谅。"
5. 她看起来年龄不大，但举止_____，说话得体。
6. 站在人民英雄纪念碑下，她神色_____，激动不已。
7. 大厅内的布置给整个大厅增添了不少_____的气氛。
8. 你这是去参加正式学术会议，应该打扮得_____一些。
9. 这位老战士举起右手，向_____的国旗敬了个礼。
10. 我从来没有出席过如此_____的场合，心里有些紧张。

二、用"庄严""庄重"完成语段：

今天的学校礼堂布置得格外 1 。建校100周年大会即将在这里隆重举行。所有到场嘉宾都穿得十分 2 。在 3 的国歌声中，国旗冉冉升起。 4 的升旗仪式结束后，校长发表了重要讲话。

姿势　姿态

一、下面的句子填哪个词合适：

1. 看书的_____不正确，时间长了就会影响视力。
2. 他总是用一种居高临下的_____和人说话，这让我们感到不舒服。
3. 这个_____做到位了就能够锻炼到腹部的肌肉。
4. 舞蹈演员要做到每个动作_____都优美很不容易。
5. 同学们正以全新的_____迎接新学期的到来。
6. 他终于肯做出让步的_____。
7. 花样游泳运动员跳入水中的_____非常优美。
8. 这些绽放的花朵争妍斗艳，_____各不相同。
9. 教练说我握球拍的_____不标准。
10. 张云侧脸看着我，摆出了一副胜利者的_____。

二、用"姿势""姿态"完成语段：

李红最近决定通过运动减肥。她每天坚持做瑜伽，瑜伽里的许多高难度的 1 能够帮助她进行塑形。她还请了游泳教练教她游泳，因为她听说正确的游泳 2 能够锻炼到全身的肌肉。经过一段时间的锻炼，她的身体变得匀称了，身形 3 也更加优美了。面对他人的注视时，她显得更有自信， 4 也更从容了。

阻碍　阻挠　阻止

一、下面的句子填哪个词合适：

1. 不管遇到多少_____，我都要坚持自己的梦想。
2. 行人看到路上有人打架，纷纷上去_____。
3. 孩子有自己的想法，他想出去闯一闯，我们就不要

_____他了。

4. 公司内部问题很多，如果再不改革，发展必然会受到_____。
5. 我决定要去做的事，谁也_____不了。
6. 前方山体滑坡_____了交通，我们是过不去了。
7. 辅音是指气流在口腔或咽头受到_____而形成的音。
8. 房价过高是未来城市发展的一大_____。
9. 要不是有人从中_____，我们早就研发成功了。
10. 恶劣的天气严重_____了救援工作的进展。
11. 他一路开车前行，路上没有遇到任何_____。
12. 没有人能够_____这场战争的发生。

二、用"阻碍""阻挠""阻止"完成语段：

在追求梦想的路上，可能会有很多 1 。例如，父母也许会认为你的梦想不切实际而 2 你。身体因素、经济因素、环境因素也可能会成为 3 。但你不能因此就轻易放弃梦想，只有勇敢地冲破 4 ，才有可能梦想成真。相信任何困难都 5 不了你追梦的脚步。

参考答案

B

巴不得　恨不得

一、1. 巴不得　2. 恨不得　3. 恨不得　4. 巴不得　5. 巴不得
　　6. 巴不得/恨不得　7. 巴不得　8. 巴不得　9. 恨不得
　　10. 巴不得

二、1. 恨不得 C　2. 恨不得 D　3. 巴不得/恨不得 A　4. 巴不得 D
　　5. 巴不得 C　6. 恨不得 B　7. 恨不得 D　8. 恨不得 B
　　9. 巴不得 C

拜访　访问　看望

一、1. 访问　2. 拜访/看望　3. 访问　4. 访问
　　5. 拜访/访问/看望　6. 访问　7. 看望　8. 看望　9. 拜访

二、1. 看望　2. 访问　3. 访问　4. 访问　5. 拜访/访问
　　6. 拜访/看望　7. 拜访　8. 拜访

帮助　协助

一、1. 帮助/协助　2. 协助　3. 协助　4. 帮助　5. 帮助/协助
　　6. 协助　7. 帮助　8. 帮助/协助　9. 帮助

二、1. 帮/帮助　2. 帮忙　3. 帮忙/帮助/协助　4. 帮忙
　　5. 协助　6. 帮助　7. 协助　8. 帮　9. 帮/帮助，帮/帮助
　　10. 帮

参考答案　123

宝贵　珍贵
一、1. 宝贵　2. 宝贵/珍贵　3. 珍贵　4. 宝贵　5. 宝贵/珍贵
　　6. 珍贵　7. 珍贵
二、1. 最宝贵　2. 更加珍贵　3. 宝贵的　4. 十分宝贵　5. 珍贵的
　　6. 宝贵　7. 珍贵　8. 极为珍贵

保持　维持
一、1. 保持　2. 维持　3. 保持　4. 保持/维持　5. 维持
　　6. 保持　7. 保持　8. 保持/维持　9. 保持
二、1. 一直保持　2. 保持　3. 维持到　4. 应该保持　5. 维持
　　6. 勉强维持　7. 保持下去

保护　保卫
一、1. 保护/保卫　2. 保卫　3. 保护　4. 保护/保卫　5. 保护
　　6. 保卫　7. 保卫　8. 保护/保卫　9. 保护
二、1. 保卫和平　2. 保卫着　3. 保护好　4. 保护了
　　5. 加以保护　6. 得到保护

本人　自己
一、1. 自己　2. 自己　3. 本人/自己　4. 自己　5. 自己
　　6. 本人　7. 自己　8. 本人　9. 自己　10. 本人/自己
二、1. 自己　2. 自己　3. 本人/自己　4. 自己　5. 自己
　　6. 自己　7. 自己　8. 本人　9. 本人　10. 自己　11. 本人
　　12. 本人

本身　自身
一、1. 自身　2. 本身　3. 本身　4. 自身　5. 本身/自身　6. 本身
　　7. 本身　8. 自身　9. 本身/自身

二、1. 自己，自己 2. 自己/自身 3. 本人/自己 4. 本人
　　5. 本身 6. 本身 7. 本身 8. 本人 9. 自己/自身 10. 自己

本质　实质　性质
一、1. 性质 2. 性质 3. 本质 4. 本质/实质 5. 性质 6. 实质
　　7. 本质 8. 性质 9. 本质/实质 10. 实质
二、1. 实质性 2. 本质的 3. 什么性质 4. 特殊性质 5. 本质区别
　　6. 本质上

避免　防止
一、1. 避免/防止 2. 避免 3. 防止 4. 避免 5. 避免 6. 避免
　　7. 防止 8. 防止 9. 防止
二、1. 防止 2. 避免了 3. 可以防止 4. 不可避免 5. 可以避免
　　6. 避免

便利　方便
一、1. 便利/方便 2. 方便 3. 便利/方便 4. 方便 5. 便利
　　6. 便利 7. 方便 8. 便利 9. 方便 10. 便利
二、1. 方便了 2. 更加便利 3. 提供方便 4. 十分便利 5. 很方便
　　6. 不方便 7. 是否便利

表面　外表
一、1. 外表 2. 表面 3. 表面 4. 外表 5. 外表 6. 表面
　　7. 表面/外表 8. 表面 9. 表面/外表 10. 表面
二、1. 外表 2. 表面 3. 外表上 4. 表面现象 5. 从外表看
　　6. 从表面上看 7. 外表的 8. 表面的

别人　人家
一、1. 别人　2. 别人/人家　3. 别人/人家　4. 人家，人家
　　5. 别人　6. 人家　7. 别人　8. 别人/人家　9. 别人
　　10. 人家
二、1. 别人/人家　2. 别人/人家　3. 人家　4. 人家　5. 别人
　　6. 别人

C
财产　财富
一、1. 财产　2. 财产/财富　3. 财产　4. 财富　5. 财产/财富
　　6. 财产，财富　7. 财富　8. 财富
二、1. 共同财富　2. 财富　3. 全部财产　4. 创造财富
　　5. 公共财产　6. 追求财富　7. 共同财产

差距　距离
一、1. 距离　2. 差距/距离　3. 距离　4. 差距　5. 差距
　　6. 距离　7. 距离　8. 差距　9. 距离
二、1. 有很大差距　2. 保持距离　3. 找出差距　4. 差距不大
　　5. 心理距离　6. 远距离　7. 一段距离

尝试　试
一、1. 尝试/试　2. 试　3. 试　4. 尝试　5. 试　6. 试　7. 尝试
　　8. 尝试　9. 尝试
二、1. 值得一试　2. 试　3. 尝试　4. 想尝试　5. 试过
　　6. 一种尝试　7. 试试

场合　场面　场所
一、1. 场合　2. 场所　3. 场所　4. 场面　5. 场面　6. 场所

7. 场面 8. 场合/场所 9. 场所 10. 场面
二、1. 特殊场合 2. 外交场合 3. 隆重的场面 4. 休息场所
   5. 任何场所 6. 不同场合 7. 欢乐场面

迟疑 犹豫
一、1. 迟疑 2. 迟疑/犹豫 3. 犹豫 4. 犹豫 5. 迟疑/犹豫
   6. 犹豫 7. 犹豫 8. 迟疑
二、1. 别犹豫 2. 迟疑地 3. 迟疑 4. 犹犹豫豫 5. 很犹豫
   6. 犹豫 7. 迟疑了

冲突 矛盾
一、1. 冲突 2. 矛盾 3. 冲突/矛盾 4. 冲突 5. 矛盾，矛盾
   6. 冲突/矛盾 7. 冲突 8. 矛盾 9. 冲突
二、1. 有矛盾 2. 起冲突 3. 自相矛盾 4. 闹矛盾 5. 有冲突
   6. 非常矛盾 7. 冲突 8. 矛盾

充分 充实 充足
一、1. 充实 2. 充分 3. 充分 4. 充分/充足 5. 充分 6. 充实
   7. 充足 8. 充实 9. 充足 10. 充分/充足
二、1. 充实的 2. 充分发挥 3. 充分说明 4. 很充足 5. 充分的
   6. 非常充实 7. 充实了 8. 充足的

从来 向来 一向
一、1. 从来 2. 向来/一向 3. 一向 4. 向来/一向
   5. 从来/向来/一向 6. 从来 7. 向来/一向
   8. 从来/向来/一向 9. 一向
二、1. 一向 2. 向来/一向 3. 从来 4. 一向 5. 向来/一向
   6. 从来/向来/一向 7. 从来/向来/一向

D

答复 回答

一、1. 回答 2. 答复 3. 答复/回答 4. 答复 5. 答复/回答
　　6. 回答 7. 回答 8. 回答，答复

二、1. 没有答复 2. 作出答复 3. 书面答复 4. 回答得
　　5. 快回答 6. 不回答 7. 给你答复 8. 回答了

打击 攻击

一、1. 打击 2. 打击 3. 攻击 4. 打击 5. 打击 6. 攻击
　　7. 攻击 8. 打击

二、1. 攻击 2. 打击 3. 打击 4. 攻击 5. 打击

打扰 干扰

一、1. 打扰/干扰 2. 打扰 3. 干扰 4. 干扰 5. 干扰
　　6. 打扰 7. 干扰 8. 干扰 9. 打扰

二、1. 不要打扰 2. 严重干扰了 3. 干扰 4. 请勿打扰
　　5. 打扰一下 6. 克服干扰

当初 起初 最初

一、1. 当初 2. 当初 3. 起初/最初 4. 当初
　　5. 当初/起初/最初 6. 当初/起初/最初 7. 当初
　　8. 当初/起初/最初 9. 起初/最初

二、1. 当初 2. 起初/最初 3. 当初 4. 当初/起初/最初
　　5. 当初 6. 当初

倒闭 破产

一、1. 破产 2. 破产 3. 倒闭/破产 4. 倒闭/破产 5. 破产
　　6. 破，产 7. 倒闭/破产 8. 破产 9. 倒闭

二、1. 倒闭/破产 2. 破产 3. 倒闭/破产 4. 倒闭 5. 破产

调查　考察
一、1. 调查 2. 调查/考察 3. 调查 4. 考察 5. 考察
　　6. 调查 7. 调查 8. 考察 9. 调查
二、1. 考察 2. 调查/考察 3. 调查 4. 调查 5. 调查/考察

动机　目的
一、1. 动机 2. 目的 3. 动机/目的 4. 目的 5. 目的
　　6. 目的 7. 目的 8. 目的
二、1. 作案动机 2. 主要目的 3. 目的性 4. 学习动机
　　5. 预期目的 6. 动机不良

短　短促　短暂
一、1. 短 2. 短/短促/短暂 3. 短 4. 短促 5. 短暂 6. 短
　　7. 短 8. 短暂 9. 短
二、1. 短促/短暂 2. 短 3. 短 4. 短/短促/短暂 5. 短
　　6. 短/短促/短暂

顿时　立刻
一、1. 立刻 2. 顿时/立刻 3. 立刻 4. 顿时/立刻 5. 立刻
　　6. 顿时/立刻 7. 立刻 8. 顿时 9. 顿时/立刻 10. 立刻
二、1. 顿时/立刻 2. 立刻 3. 顿时 4. 立刻 5. 立刻
　　6. 顿时/立刻 7. 立刻

F
发觉　发现
一、1. 发觉/发现 2. 发觉 3. 发现 4. 发现 5. 发现

6．发现　7．发觉/发现　8．发现　9．发现
二、1．发现　2．发现　3．发现　4．发现　5．发现　6．发现
　7．发觉/发现　8．发觉　　9．发觉/发现

繁华　繁荣
一、1．繁华　2．繁华　3．繁荣　4．繁华　5．繁荣　6．繁荣
　7．繁荣　8．繁荣
二、1．繁华/繁荣　2．繁荣　3．繁华　4．繁荣　5．繁荣
　6．繁荣

繁忙　忙碌
一、1．繁忙/忙碌　2．繁忙/忙碌　3．繁忙　4．忙碌　5．繁忙
　6．忙碌　7．繁忙　8．忙碌
二、1．忙碌的　2．繁忙的　3．忙碌起来　4．忙忙碌碌　5．最繁忙
　6．忙碌着

防止　预防
一、1．预防，防止　2．防止/预防　3．防止　4．预防
　5．防止/预防　6．防止/预防　7．防止　8．预防　9．预防
二、1．防止/预防　2．防止　3．预防　4．防止

妨碍　阻碍
一、1．妨碍/阻碍　2．阻碍　3．阻碍　4．阻碍　5．妨碍
　6．阻碍　7．阻碍　8．阻碍　9．妨碍
二、1．一切阻碍　2．阻碍　3．妨碍　4．阻碍作用　5．不妨碍
　6．毫无阻碍

吩咐　嘱咐
一、1. 吩咐/嘱咐　2. 吩咐，嘱咐　3. 吩咐　4. 嘱咐　5. 嘱咐
　　6. 嘱咐　7. 吩咐　8. 吩咐/嘱咐　9. 嘱咐
二、1. 嘱咐　2. 嘱咐　3. 吩咐　4. 嘱咐　5. 嘱咐　6. 吩咐
　　7. 吩咐

丰富　丰盛
一、1. 丰盛　2. 丰富　3. 丰富　4. 丰富　5. 丰富　6. 丰盛
　　7. 丰富　8. 丰盛
二、1. 丰富　2. 丰富　3. 丰盛　4. 丰富　5. 丰富　6. 丰富
　　7. 丰盛

腐败　腐朽
一、1. 腐朽　2. 腐败　3. 腐败　4. 腐败　5. 腐朽　6. 腐败
　　7. 腐朽　8. 腐败
二、1. 惩治腐败　2. 腐败变质　3. 反腐败　4. 腐朽性
　　5. 腐败行为　6. 腐败思想

负担　压力
一、1. 负担/压力　2. 压力　3. 负担　4. 压力　5. 负担
　　6. 负担　7. 负担　8. 压力
二、1. 负担/压力　2. 负担/压力　3. 压力　4. 负担　5. 负担
　　6. 压力　7. 压力

G
改进　改良　改善
一、1. 改善　2. 改进　3. 改良　4. 改进　5. 改进/改善　6. 改善
　　7. 改善　8. 改进

二、1. 改善 2. 改良 3. 改进 4. 改进/改善 5. 改善 6. 改善

改正　更正

一、1. 改正 2. 改正 3. 改正 4. 改正 5. 更正 6. 改正/更正
　　7. 更正 8. 改正 9. 更正
二、1. 改正/更正 2. 改正/更正 3. 更正 4. 改正 5. 改正

高潮　高峰

一、1. 高潮 2. 高峰 3. 高峰 4. 高潮，高潮 5. 高峰
　　6. 高峰 7. 高峰 8. 高峰 9. 高潮
二、1. 高潮 2. 高潮 3. 高潮 4. 高峰 5. 高潮

告别　告辞

一、1. 告别 2. 告别 3. 告别/告辞 4. 告别 5. 告辞 6. 告辞
　　7. 告别 8. 告别 9. 告辞
二、1. 告别 2. 告别 3. 告别 4. 告别 5. 告别/告辞

公平　公正

一、1. 公平 2. 公平 3. 公平 4. 公正 5. 公正 6. 公平
　　7. 公平 8. 公平/公正
二、1. 公平 2. 公平 3. 公正 4. 公平 5. 公平 6. 公平/公正

攻击　进攻

一、1. 进攻 2. 攻击/进攻 3. 攻击 4. 攻击/进攻 5. 进攻
　　6. 攻击 7. 攻击/进攻 8. 进攻 9. 攻击
二、1. 人身攻击 2. 遭受攻击 3. 进攻能力 4. 大规模进攻
　　5. 发起进攻 6. 攻击事件

孤单　孤独
一、1. 孤单/孤独　2. 孤单/孤独　3. 孤单/孤独　4. 孤独
　　5. 孤单/孤独　6. 孤单单　7. 孤单/孤独　8. 孤孤单单
二、1. 孤单/孤独　2. 孤单/孤独　3. 孤独　4. 孤独
　　5. 孤单/孤独

古怪　奇怪
一、1. 古怪/奇怪　2. 奇怪　3. 古怪　4. 奇怪，古怪
　　5. 古怪/奇怪　6. 古怪　7. 古怪/奇怪　8. 古怪/奇怪
二、1. 古怪　2. 古怪/奇怪　3. 古怪/奇怪　4. 奇怪
　　5. 古怪/奇怪

关心　关照
一、1. 关心　2. 关心/关照　3. 关照　4. 关心/关照　5. 关心
　　6. 关心　7. 关照　8. 关心　9. 关心　10. 关心
二、1. 关照　2. 关心/关照　3. 关心　4. 关心

管理　治理
一、1. 管理　2. 治理　3. 管理/治理　4. 治理　5. 管理　6. 管理
　　7. 管理　8. 管理
二、1. 管理　2. 管理　3. 管理　4. 治理　5. 治理

H

含糊　模糊
一、1. 含糊　2. 含糊　3. 模糊　4. 模糊　5. 模糊　6. 含糊
　　7. 含糊　8. 含糊　9. 含糊
二、1. 模糊　2. 模糊　3. 模糊　4. 含糊　5. 含糊　6. 含糊

含义　意义

一、1. 意义　2. 意义　3. 意义　4. 意义　5. 含义　6. 意义
　　7. 含义　8. 意义　9. 意义　10. 意义
二、1. 意义重大　2. 很有意义　3. 特殊的含义　4. 一定的意义
　　5. 历史意义　6. 背后的含义

何况　况且

一、1. 何况　2. 何况　3. 何况/况且　4. 何况　5. 何况
　　6. 何况　7. 何况/况且　8. 何况　9. 何况/况且
　　10. 何况/况且
二、1. 何况/况且　2. 何况　3. 何况　4. 何况/况且

缓和　缓解

一、1. 缓和/缓解　2. 缓和/缓解　3. 缓和　4. 缓解
　　5. 缓和/缓解　6. 缓解　7. 缓和　8. 缓解　9. 缓解
二、1. 缓和　2. 缓和　3. 缓和/缓解　4. 缓和　5. 缓和
　　6. 缓解

慌忙　慌张

一、1. 慌忙　2. 慌张　3. 慌忙　4. 慌忙/慌张　5. 慌忙　6. 慌忙
　　7. 慌张　8. 慌忙　9. 慌张
二、1. 不要慌张　2. 慌张　3. 慌忙　4. 不慌不忙　5. 一脸慌张
　　6. 太慌忙　7. 慌慌张张

回顾　回忆

一、1. 回忆　2. 回忆　3. 回顾　4. 回顾　5. 回忆　6. 回忆
　　7. 回顾　8. 回顾
二、1. 回顾/回忆　2. 回忆　3. 回忆　4. 回忆　5. 回忆　6. 回顾

7. 回忆

J

机会　时机

一、1. 机会　2. 机会/时机　3. 机会　4. 机会/时机　5. 时机　6. 机会　7. 时机　8. 机会

二、1. 时机成熟　2. 有机会　3. 等待机会　4. 有利时机　5. 不失时机　6. 没机会　7. 把握时机

激烈　猛烈　强烈

一、1. 猛烈　2. 强烈　3. 激烈　4. 猛烈　5. 猛烈，猛烈　6. 强烈　7. 猛烈/强烈　8. 激烈　9. 强烈

二、1. 过于强烈　2. 很激烈　3. 更猛烈　4. 强烈的　5. 猛烈的　6. 激烈地　7. 激烈的　8. 不激烈

急切　迫切

一、1. 急切/迫切　2. 急切　3. 急切/迫切　4. 迫切　5. 急切　6. 急切　7. 急切/迫切　8. 迫切　9. 迫切

二、1. 急切地　2. 十分迫切　3. 急切的　4. 迫切需要　5. 急切　6. 迫切　8. 迫切的

记录　记载

一、1. 记载　2. 记载　3. 记录　4. 记录　5. 记录　6. 记录　7. 记录，记录　8. 记录/记载　9. 记录/记载

二、1. 据记载　2. 记录下来　3. 会议记录　4. 有记载　5. 史书记载　6. 正在记录　7. 文字记载

技能　技巧　技术

一、1. 技能，技能　2. 技术　3. 技能/技术　4. 技能　5. 技巧
　　6. 技巧　7. 技能/技巧　8. 技能　9. 技术　10. 技能/技术
二、1. 技能　2. 技术　3. 技术　4. 技术　5. 技术　6. 技能
　　7. 技能　8. 技能　9. 技能　10. 技巧　11. 技巧　12. 技巧
　　13. 技巧

坚定　坚决

一、1. 坚决　2. 坚定/坚决　3. 坚定　4. 坚决　5. 坚定
　　6. 坚决　7. 坚定/坚决　8. 坚定/坚决
二、1. 坚定的　2. 坚定地　3. 坚决地　4. 坚决的　5. 很坚定
　　6. 不坚决　7. 不坚定

坚固　牢固　稳固

一、1. 牢固　2. 坚固/牢固　3. 坚固/牢固　4. 牢固/稳固
　　5. 牢固　6. 稳固　7. 牢固/稳固　8. 牢固　9. 稳固　10. 牢固
二、1. 牢固地　2. 坚固的　3. 很坚固　4. 稳固地　5. 很稳固
　　6. 牢固的　7. 很牢固　8. 稳固了　9. 稳固的

坚强　顽强

一、1. 坚强/顽强　2. 顽强　3. 坚强/顽强　4. 顽强　5. 坚强
　　6. 坚强　7. 顽强　8. 坚强
二、1. 顽强地　2. 坚强的　3. 很坚强　4. 顽强的　5. 顽强拼搏
　　6. 坚强地　7. 很顽强

简单　简陋

一、1. 简单　2. 简单　3. 简陋　4. 简单　5. 简陋
　　6. 简单/简陋　7. 简单/简陋　8. 简单　9. 简单　10. 简陋

二、1. 简单 2. 简单 3. 简陋 4. 简单 5. 简单 6. 简单
　　7. 简单 8. 简单 9. 简陋 10. 简陋

简单化　简化

一、1. 简单化 2. 简化 3. 简化 4. 简单化/简化 5. 简单化
　　6. 简化 7. 简化 8. 简单化 9. 简化 10. 简单化/简化

二、1. 简化了 2. 简单化 3. 简化一些 4. 过于简单化 5. 不简化
　　6. 简化的 7. 简化

建议　提议

一、1. 建议 2. 建议 3. 建议/提议 4. 建议/提议 5. 建议
　　6. 建议/提议 7. 提议 8. 建议 9. 建议/提议

二、1. 合理的建议 2. 听取建议 3. 一个建议 4. 什么提议
　　5. 提出建议 6. 这项提议

焦急　着急

一、1. 着急 2. 焦急/着急 3. 着急 4. 着急 5. 焦急/着急
　　6. 焦急/着急 7. 着急，着急 8. 着急 9. 着急 10. 着急

二、1. 着急得 2. 不着急 3. 焦急地 4. 别着急 5. 焦急
　　6. 着急了 7. 焦急的

紧急　紧迫

一、1. 紧急 2. 紧迫 3. 紧急/紧迫 4. 紧急 5. 紧急/紧迫
　　6. 紧急/紧迫 7. 紧急 8. 紧急 9. 紧急 10. 紧急/紧迫

二、1. 紧迫性 2. 紧急通知 3. 紧迫的 4. 紧急情况 5. 很紧急
　　6. 紧急求救 7. 形势紧迫

紧密　密切
一、1．紧密/密切　2．紧密　3．密切　4．紧密　5．紧密/密切
　　6．密切　7．紧密/密切　8．密切
二、1．密切了　2．紧密配合　3．很紧密　4．紧密合作　5．密切接触
　　6．密切注视　7．密切相关　8．紧密团结

谨慎　慎重
一、1．谨慎　2．谨慎/慎重　3．慎重　4．谨慎　5．谨慎/慎重
　　6．慎重　7．谨慎　8．慎重
二、1．谨慎地　2．慎重地　3．很谨慎　4．慎重的　5．谦虚谨慎
　　6．不慎重　7．不谨慎

经常　时常
一、1．经常/时常　2．经常/时常　3．经常　4．经常/时常
　　5．经常，经常　6．经常　7．经常/时常　8．经常，经常
　　9．经常　10．经常/时常　11．经常/时常
二、1．经常/时常　2．经常/时常　3．经常　4．经常/时常
　　5．经常　6．经常　7．经常　8．经常/时常　9．经常

K

开展　展开
一、1．开展　2．展开　3．展开　4．开展/展开　5．开展
　　6．展开　7．展开　8．开展　9．开展/展开
二、1．开展 C　2．开展 D　3．展开 D　4．开展 A　5．展开 C
　　6．展开 C　7．开展 D　8．展开 D

考虑　着想
一、1．考虑　2．考虑，考虑　3．考虑/着想　4．考虑

5．考虑／着想　6．考虑　7．考虑／着想　8．考虑

二、1．思考／想　2．考虑／着想　3．考虑／思考／想　4．考虑／想
5．考虑，考虑　6．考虑／思考／想　7．考虑／思考／想，考虑／思考／想
8．考虑／着想　9．考虑／想　10．想

宽　宽敞

一、1．宽　2．宽敞　3．宽　4．宽　5．宽敞　6．宽敞　7．宽
8．宽／宽敞

二、1．很宽敞　2．宽　3．宽敞的　4．宽宽的　5．放宽　6．不宽敞
7．太宽

L

理解　领会

一、1．理解　2．理解／领会　3．理解／领会　4．理解，理解
5．理解　6．理解　7．理解　8．理解

二、1．领会了　2．互相理解　3．很理解　4．没有领会　5．领会
6．不理解　7．难理解

谅解　原谅

一、1．原谅　2．原谅　3．谅解　4．谅解／原谅　5．谅解
6．谅解　7．原谅　8．原谅　9．原谅，原谅　10．谅解

二、1．原谅　2．原谅　3．原谅　4．理解／领会　5．理解／谅解
6．谅解／原谅　7．谅解　8．理解／谅解　9．理解／领会

履行　实行　执行

一、1．执行　2．实行　3．履行　4．实行／执行　5．履行
6．履行　7．执行　8．实行　9．实行／执行

二、1．开始实行　2．履行了　3．不执行　4．必须履行　5．正在执行

6. 实行了　7. 坚决执行

M

蔑视　歧视　轻视

一、1. 蔑视/歧视/轻视　2. 轻视　3. 歧视　4. 蔑视　5. 轻视
6. 歧视　7. 轻视　8. 蔑视

二、1. 不能轻视　2. 十分蔑视　3. 歧视　4. 受轻视　5. 受歧视
6. 轻视

明显　显著

一、1. 明显　2. 明显/显著　3. 明显/显著　4. 明显
5. 明显/显著　6. 明显　7. 明显/显著　8. 明显　9. 明显

二、1. 显著地　2. 不明显　3. 很明显　4. 明显感觉到　5. 明显的
6. 显著提高

命令　指示

一、1. 命令/指示　2. 命令　3. 命令/指示　4. 命令　5. 指示
6. 命令/指示　7. 命令　8. 指示　9. 命令　10. 指示

二、1. 重要指示　2. 作指示　3. 下命令　4. 执行命令　5. 明确指示
6. 违抗命令

目光　眼光

一、1. 眼光　2. 目光　3. 目光　4. 眼光　5. 眼光　6. 眼光
7. 眼光　8. 目光/眼光　9. 目光/眼光

二、1. 目光中　2. 没眼光　3. 老眼光　4. 眼光太高　5. 有眼光
6. 长远的目光　7. 目光敏锐

P
培养　培育
一、1. 培养　2. 培养/培育　3. 培养　4. 培育　5. 培养/培育
　　6. 培养　7. 培养/培育　8. 培育　9. 培养　10. 培养/培育
二、1. 培养出　2. 培养出来　3. 辛勤培育　4. 注意培养
　　5. 培养不了　6. 培育成

疲惫　疲倦　疲劳
一、1. 疲惫/疲倦/疲劳　2. 疲惫/疲倦　3. 疲劳　4. 疲劳
　　5. 疲劳　6. 疲惫/疲倦/疲劳　7. 疲劳　8. 疲惫/疲倦/疲劳
　　9. 疲劳
二、1. 有点儿疲倦　2. 审美疲劳　3. 消除疲劳　4. 不知疲倦
　　5. 身心疲惫　6. 神情疲惫

骗　欺骗　诈骗
一、1. 欺骗　2. 骗/诈骗　3. 骗/欺骗，骗/欺骗　4. 骗
　　5. 诈骗　6. 骗/欺骗　7. 骗/欺骗　8. 诈骗　9. 欺骗
　　10. 骗/欺骗
二、1. 诈骗　2. 诈骗　3. 骗　4. 诈骗　5. 欺骗/诈骗

破坏　损坏
一、1. 破坏/损坏　2. 破坏　3. 破坏　4. 损坏　5. 损坏
　　6. 破坏　7. 破坏　8. 损坏　9. 破坏
二、1. 被损坏　2. 被破坏　3. 破坏性　4. 破坏了　5. 损坏了
　　6. 进行破坏　7. 没有损坏

Q

恰当　适合

一、1. 适合　2. 恰当　3. 适合　4. 恰当/适合　5. 恰当
　　6. 恰当/适合　7. 适合　8. 恰当　9. 恰当/适合

二、1. 适合　2. 适合　3. 适合　4. 恰当　5. 恰当/适合

恰当　妥当

一、1. 恰当　2. 恰当/妥当　3. 妥当　4. 恰当　5. 恰当
　　6. 恰当/妥当，恰当/妥当　7. 恰当　8. 妥当　9. 妥当

二、1. 妥当　2. 合适/恰当　3. 合适　4. 合适/恰当/妥当
　　5. 合适/恰当　6. 恰当　7. 妥当　8. 妥当　9. 合适
　　10. 合适/恰当/妥当

前景　前途

一、1. 前途　2. 前景/前途　3. 前景　4. 前景　5. 前途
　　6. 前景/前途　7. 前景　8. 前景　9. 前途

二、1. 就业前景　2. 没前途　3. 前途无量　4. 市场前景　5. 有前途
　　6. 好前途　7. 前景广阔

侵犯　侵略

一、1. 侵略　2. 侵犯　3. 侵犯　4. 侵犯/侵略　5. 侵略
　　6. 侵犯/侵略　7. 侵犯　8. 侵犯　9. 侵略，侵略

二、1. 侵略战争　2. 严重侵犯　3. 侵略者　4. 不容侵犯　5. 侵略过
　　6. 没侵犯　7. 互不侵犯　8. 侵略性

亲身　亲自

一、1. 亲身　2. 亲自　3. 亲自　4. 亲自　5. 亲身　6. 亲身
　　7. 亲身　8. 亲身/亲自

二、1. 亲自 2. 自己,自己 3. 亲身/亲自/自己 4. 亲自
　　5. 亲自/自己 6. 亲身 7. 亲自/自己 8. 亲身/亲自
　　9. 亲自

勤劳　辛勤
一、1. 辛勤 2. 勤劳 3. 辛勤 4. 辛勤 5. 勤劳 6. 勤劳/辛勤
　　7. 勤劳 8. 勤劳/辛勤
二、1. 勤劳的 2. 辛勤地 3. 辛勤的 4. 勤劳勇敢 5. 辛勤培养
　　6. 很勤劳

清除　消除
一、1. 消除 2. 消除 3. 清除 4. 清除 5. 消除 6. 清除
　　7. 消除 8. 清除
二、1. 可以消除 2. 清除出去 3. 及时清除 4. 消除贫困
　　5. 清除了 6. 消除了 7. 没有清除

清楚　清晰
一、1. 清楚/清晰 2. 清楚 3. 清晰/清楚 4. 清楚
　　5. 清楚/清晰 6. 清楚 7. 清楚 8. 清楚 9. 清楚
二、1. 清楚/清晰 2. 清楚/清晰 3. 清楚 4. 清楚/清晰
　　5. 清楚/清晰 6. 清楚/清晰 7. 清楚 8. 清楚

情况　情形
一、1. 情况/情形 2. 情况 3. 情况/情形 4. 情况/情形
　　5. 情况 6. 情况 7. 情形 8. 情况 9. 情形
二、1. 情况 2. 情况 3. 情况/情形 4. 情况 5. 情况/情形
　　6. 情况 7. 情景 8. 情景/情形 9. 情景/情形

晴　晴朗

一、1. 晴朗　2. 晴　3. 晴　4. 晴　5. 晴朗　6. 晴朗　7. 晴
　　8. 晴朗

二、1. 晴　2. 晴　3. 晴　4. 晴朗　5. 晴　6. 晴　7. 晴朗
　　8. 晴朗

R

忍耐　忍受

一、1. 忍耐　2. 忍受　3. 忍受，忍受　4. 忍耐　5. 忍受
　　6. 忍耐　7. 忍耐　8. 忍耐　9. 忍受

二、1. 忍耐　2. 无法忍受　3. 忍受着　4. 忍耐不住　5. 忍耐一下
　　6. 忍受了　7. 忍耐力

S

丧失　失去

一、1. 丧失/失去　2. 失去　3. 丧失/失去，丧失/失去　4. 失去
　　5. 丧失/失去　6. 失去　7. 失去　8. 丧失

二、1. 丧失记忆　2. 失去作用　3. 失去联系　4. 失去机会
　　5. 丧失信心　6. 失去了　7. 丧失掉

色彩　颜色

一、1. 色彩　2. 色彩　3. 颜色　4. 色彩/颜色　5. 色彩/颜色
　　6. 颜色　7. 色彩　8. 颜色，颜色

二、1. 颜色鲜艳　2. 浅颜色　3. 地方色彩　4. 各种颜色
　　5. 色彩单调　6. 感情色彩　7. 浪漫色彩

善于　擅长

一、1. 善于　2. 善于　3. 擅长　4. 擅长，擅长　5. 擅长

6. 擅长 7. 善于 8. 善于/擅长 9. 擅长
二、1. 很善于 2. 不擅长 3. 很擅长 4. 善于学习 5. 不善于
6. 擅长的 7. 擅长什么

实验　试验

一、1. 实验 2. 试验 3. 试验 4. 实验/试验 5. 实验
6. 试验 7. 试验 8. 实验/试验
二、1. 试验一下 2. 试验成功 3. 实验课 4. 做实验 5. 试验了
6. 临床实验 7. 教学实验

事情　事务

一、1. 事情 2. 事务 3. 事情 4. 事情 5. 事务 6. 事情
7. 事情/事务 8. 事务 9. 事情/事务
二、1. 事情 2. 事情 3. 事务 4. 事情/事务 5. 事情
6. 事务 7. 事情 8. 事情

思考　思索

一、1. 思考 2. 思考 3. 思考 4. 思考 5. 思考/思索
6. 思考 7. 思考 8. 思考/思索 9. 思考/思索
二、1. 思考过 2. 思考思考 3. 思索了 4. 苦苦思索 5. 独立思考
6. 思索过 7. 思索着

死　死亡

一、1. 死亡 2. 死亡 3. 死 4. 死/死亡 5. 死/死亡
6. 死/死亡 7. 死 8. 死 9. 死 10. 死亡
二、1. 死 2. 死 3. 死 4. 死 5. 死 6. 死 7. 死 8. 死亡
9. 死 10. 死亡

T

讨厌　厌恶

一、1. 讨厌　2. 讨厌/厌恶　3. 讨厌/厌恶　4. 讨厌　5. 讨厌
　　6. 厌恶　7. 讨厌　8. 讨厌　9. 厌恶　10. 厌恶

二、1. 讨厌/厌恶　2. 讨厌/厌恶　3. 厌恶　4. 讨厌
　　5. 讨厌/厌恶　6. 讨厌/厌恶

特点　特色　特征

一、1. 特点/特色　2. 特色　3. 特点/特征　4. 特点/特色
　　5. 特点/特征　6. 特点/特征　7. 特色　8. 特点/特征
　　9. 特点/特色

二、1. 地方特色　2. 艺术特点　3. 相貌特征　4. 民族特色
　　5. 有特点　6. 特色项目　7. 没特点

W

违背　违反

一、1. 违背　2. 违背/违反　3. 违背/违反　4. 违背/违反
　　5. 违背/违反　6. 违反　7. 违反　8. 违背

二、1. 违反了　2. 违反过　3. 不违背　4. 违背了　5. 违背过
　　6. 相违背　7. 不违反

温和　温柔

一、1. 温和　2. 温和/温柔　3. 温柔　4. 温和　5. 温柔
　　6. 温和/温柔　7. 温和/温柔　8. 温和　9. 温柔

二、1. 不温柔　2. 比较温和　3. 很温柔　4. 温柔的　5. 温和的
　　6. 温和　7. 温柔地

误会 误解

一、1. 误解 2. 误会/误解 3. 误会/误解 4. 误会 5. 误解
6. 误会 7. 误解 8. 误会 9. 误会

二、1. 有误会 2. 误解了 3. 误会了 4. 一种误解 5. 误会过
6. 一场误会 7. 有误解

X

吸取 吸收

一、1. 吸取 2. 吸收 3. 吸收 4. 吸取 5. 吸收 6. 吸取/吸收
7. 吸收 8. 吸收 9. 吸收

二、1. 大量吸收 2. 吸收了 3. 吸取了 4. 被吸收 5. 不吸取
6. 吸取经验 7. 不吸收 8. 吸收效果

习惯 习俗

一、1. 习俗 2. 习惯/习俗 3. 习惯 4. 习惯 5. 习惯
6. 习惯/习俗 7. 习惯，习惯 8. 习惯

二、1. 习惯 2. 习惯 3. 习惯 4. 习惯 5. 习惯 6. 习惯
7. 习惯 8. 习惯/习俗 9. 习惯/习俗 10. 习惯/习俗
11. 习惯 12. 习惯

细致 详细 仔细

一、1. 详细 2. 细致/详细/仔细 3. 细致 4. 详细
5. 细致/详细/仔细 6. 仔细 7. 细致/详细/仔细 8. 详细
9. 仔细

二、1. 仔细的 2. 详细的 3. 仔细地 4. 细致的 5. 详细地
6. 精巧细致 7. 很细致

相信　信赖
一、1. 相信　2. 相信　3. 相信/信赖　4. 信赖　5. 信赖
　　6. 相信/信赖　7. 相信/信赖　8. 信赖　9. 相信
二、1. 相信　2. 相信/信赖　3. 相信　4. 相信　5. 相信
　　6. 信赖

新颖　崭新
一、1. 新颖/崭新　2. 崭新　3. 新颖　4. 崭新　5. 新颖
　　6. 新颖　7. 新颖　8. 崭新
二、1. 崭新　2. 崭新　3. 新颖　4. 新颖　5. 新颖/崭新
　　6. 新颖

信念　信心
一、1. 信念/信心　2. 信心　3. 信念　4. 信心　5. 信心
　　6. 信心　7. 信念/信心　8. 信心
二、1. 信念　2. 信心　3. 信念/信心　4. 信心　5. 信心

需求　需要
一、1. 需求/需要　2. 需要　3. 需求　4. 需求/需要　5. 需求
　　6. 需求/需要　7. 需求　8. 需求/需要　9. 需求
二、1. 需求　2. 需求/需要　3. 需求/需要　4. 需要　5. 需求
　　6. 需求/需要

Y
压抑　抑制
一、1. 压抑/抑制　2. 压抑　3. 压抑/抑制　4. 压抑　5. 抑制
　　6. 压抑　7. 抑制　8. 抑制　9. 抑制　10. 抑制
二、1. 压抑　2. 压抑/抑制　3. 压抑　4. 抑制　5. 压抑

严厉　严肃
一、1. 严厉/严肃　2. 严肃　3. 严厉　4. 严肃　5. 严肃
　　6. 严厉/严肃　7. 严厉　8. 严厉/严肃　9. 严肃
二、1. 严厉/严肃　2. 严厉/严肃　3. 严肃　4. 严肃　5. 严厉

一辈子　终身
一、1. 一辈子　2. 终身　3. 终身　4. 一辈子/终身　5. 终身
　　6. 终身　7. 一辈子/终身　8. 一辈子　9. 终身
二、1. 终身　2. 一辈子　3. 终身　4. 一辈子　5. 一辈子/终身

一再　再三
一、1. 一再　2. 再三　3. 一再/再三　4. 一再　5. 一再
　　6. 一再/再三　7. 一再/再三　8. 一再/再三
二、1. 一再/再三　2. 再三　3. 再三　4. 一再　5. 再三

依靠　依赖
一、1. 依靠/依赖　2. 依赖　3. 依赖　4. 依靠　5. 依靠/依赖
　　6. 依靠　7. 依赖　8. 依靠/依赖　9. 依靠
二、1. 依靠　2. 依靠/依赖　3. 依靠　4. 依靠/依赖　5. 依靠

以前　以往
一、1. 以前/以往　2. 以前　3. 以前　4. 以前　5. 以前/以往
　　6. 以前　7. 以前/以往　8. 以前/以往　9. 以前　10. 以前
二、1. 以前　2. 以前　3. 以前　4. 以前/以往　5. 以前/以往

引导　指导
一、1. 引导　2. 引导/指导　3. 指导　4. 引导　5. 指导
　　6. 指导　7. 指导　8. 指导　9. 指导　10. 指导

二、1. 指导 2. 引导 3. 指导 4. 指导 5. 指导

优良 优秀 优异
一、1. 优秀 2. 优秀 3. 优良 4. 优秀/优异 5. 优秀
　　6. 优良/优秀/优异 7. 优良，优秀，优异 8. 优异
二、1. 优秀 2. 优秀 3. 优秀 4. 优秀 5. 优秀/优异
　　6. 优良/优秀

Z
灾害 灾难
一、1. 灾害 2. 灾难，灾难 3. 灾害/灾难 4. 灾难 5. 灾难
　　6. 灾害 7. 灾难 8. 灾害 9. 灾害
二、1. 灾害 2. 灾难 3. 灾害/灾难 4. 灾害 5. 灾难

赞美 赞扬
一、1. 赞美/赞扬 2. 赞扬 3. 赞美/赞扬 4. 赞扬
　　5. 赞美/赞扬 6. 赞扬 7. 赞美 8. 赞扬 9. 赞美/赞扬
　　10. 赞美
二、1. 赞美 2. 赞美/赞扬 3. 赞美 4. 赞美 5. 赞美

展示 展现
一、1. 展示 2. 展现 3. 展示 4. 展现 5. 展示/展现
　　6. 展示 7. 展示 8. 展现 9. 展示 10. 展示
二、1. 展现 2. 展示 3. 展示 4. 展示 5. 展现 6. 展示

镇定 镇静
一、1. 镇定/镇静 2. 镇定/镇静 3. 镇定 4. 镇定
　　5. 镇定/镇静 6. 镇定 7. 镇定/镇静 8. 镇定 9. 镇定

10. 镇定
二、1. 镇静 2. 镇定/镇静 3. 镇定 4. 镇定/镇静

证明　证实

一、1. 证明/证实 2. 证明 3. 证实 4. 证明 5. 证明/证实
　　6. 证明 7. 证明 8. 证明 9. 证明 10. 证实
二、1. 证实 2. 证明 3. 证明 4. 证明

智慧　智力

一、1. 智力，智力 2. 智慧 3. 智慧 4. 智慧 5. 智力
　　6. 智慧 7. 智慧 8. 智力 9. 智慧 10. 智力
二、1. 智慧 2. 智力 3. 智力 4. 智力 5. 智慧

忠诚　忠实

一、1. 忠诚 2. 忠诚/忠实 3. 忠实 4. 忠实 5. 忠诚
　　6. 忠诚/忠实 7. 忠诚 8. 忠诚 9. 忠实
二、1. 忠实 2. 忠诚 3. 忠诚/忠实 4 忠诚/忠实 5. 忠实

周到　周密

一、1. 周密 2. 周密 3. 周到 4. 周到/周密 5. 周到
　　6. 周密 7. 周到 8. 周密 9. 周到 10. 周到
二、1. 周到/周密 2. 周到/周密 3. 周到 4. 周到

专程　专门

一、1. 专程/专门 2. 专门 3. 专门 4. 专门 5. 专门
　　6. 专程/专门 7. 专程/专门 8. 专门 9. 专门 10. 专门
二、1. 专门 2. 专门 3. 专门 4. 专门 5. 专程/专门

庄严　庄重
一、1. 庄严　2. 庄重　3. 庄严/庄重　4. 庄重　5. 庄重
　　6. 庄严/庄重　7. 庄严/庄重　8. 庄重　9. 庄严
　　10. 庄严/庄重
二、1. 庄严/庄重　2. 庄重　3. 庄严　4. 庄严

姿势　姿态
一、1. 姿势　2. 姿态　3. 姿势　4. 姿势/姿态　5. 姿态
　　6. 姿态　7. 姿势/姿态　8. 姿态　9. 姿势　10. 姿态
二、1. 姿势　2. 姿势　3. 姿态　4. 姿态

阻碍　阻挠　阻止
一、1. 阻碍　2. 阻止　3. 阻挠/阻止　4. 阻碍　5. 阻挠/阻止
　　6. 阻碍　7. 阻挠　8. 阻止　9. 阻碍/阻挠　10. 阻碍
　　11. 阻碍　12. 阻止
二、1. 阻碍　2. 阻挠/阻止　3. 阻碍　4. 阻碍/阻挠
　　5. 阻碍/阻止